知成一体书系

中国经济的前景

林毅夫 著

中信出版集团 | 北京

图书在版编目（CIP）数据

中国经济的前景 / 林毅夫著 . -- 北京：中信出版社，2022.1（2022.4重印）
ISBN 978-7-5217-3860-5

Ⅰ.①中… Ⅱ.①林… Ⅲ.①中国经济－研究 Ⅳ.①F12

中国版本图书馆CIP数据核字（2021）第259134号

中国经济的前景
著者： 林毅夫
出版发行：中信出版集团股份有限公司
（北京市朝阳区惠新东街甲4号富盛大厦2座 邮编 100029）
承印者： 北京诚信伟业印刷有限公司

开本：787mm×1092mm 1/16　　印张：20.75　　字数：210千字
版次：2022年1月第1版　　　　　　印次：2022年4月第2次印刷
书号：ISBN 978-7-5217-3860-5
定价：69.00元

版权所有·侵权必究
如有印刷、装订问题，本公司负责调换。
服务热线：400-600-8099
投稿邮箱：author@citicpub.com

/ 目录

前　言　中国经济的发展潜力、新挑战与应对　V

第 1 章　构建新结构经济学：大道与药方　001
　　为什么说新结构经济学是最好的选择　003
　　推动经济学理论的自主创新　017
　　百年未有之大变局与新结构经济学　027
　　新结构经济学大道上后来者注意事项　056
　　新结构经济学"药方"　077

第 2 章　中国经济发展的比较优势　083
　　中国未来经济增长具有两大优势　085
　　中国经济如何应对不确定性　090
　　中国经济发展与人类社会繁荣之路　095
　　"中国经济崩溃论"站不住脚　102

第 3 章　国内国外"双循环"经济结构　111

构建新发展格局，机遇大于挑战　113

以国内大循环为主体是发展的必然　118

新发展格局是必然和共赢的战略选择　127

第 4 章　创新如何激发社会活力　133

要释放和保护每个人的创造力　135

创新的关键理念与举措　141

打造创新策源地的核心竞争力　150

中国发展实践是理论创新的"富矿"　158

抓住新产业革命机遇，实现换道超车　163

创新、知识产权与经济发展　168

第 5 章　脱贫攻坚、医疗改革与绿色发展　179

中国的脱贫经验行得通　181

新发展格局下的乡村振兴战略　189

中国医疗体系的发展历程与改革探索　196

中国如何应对全球气候变化　205

第 6 章　大国关系的新动向与地区经济合作　213

我所认识的斯蒂格利茨与美国真相　215

疫情及单边主义双压力下，中国经济发展如何破局　223

应对全球经济下行，中国政府该怎么做　227

应对中美关系，开放式发展是硬道理 233

新结构经济学理论对波兰的积极影响 239

第7章 中国经济的增长潜力与发展态势 251

政策制定必须考虑实际国情 253

中国依然具有后发优势 256

中国经济的挑战、底气与后劲 264

经济学家当不辜负时代 286

"十四五"迈向高收入国家 292

2035 年远景目标如何实现 304

后　记　新时代的中国和世界 309

/ 前言

中国经济的发展潜力、新挑战与应对①

2021年是一个很重要的节点，既是中国共产党建党100周年，也是全面建设社会主义现代化国家新征程的开启之年。2021年"两会"最重要的任务是讨论通过《中华人民共和国国民经济和社会发展第十四个五年规划和2035年远景目标纲要》，我很高兴有机会对此做一点解读。

在2020年举行的党的十九届五中全会上，习近平总书记在给《中共中央关于制定国民经济和社会发展第十四个五年规划和二〇三五年远景目标的建议》提建议时谈道："处理好开放和自主的关系，更好统筹国内国际两个大局。"② 2019年5月21日，他在主持召开推动中部地区崛起工作座谈会时曾说："领导干部要胸怀两个大局：一个是中华民族伟大复兴的战略全局，一个是

---

① 本文根据林毅夫2021年3月18日在"中国经济观察"第56期报告会上发表的演讲整理。
② 习近平.关于《中共中央关于制定国民经济和社会发展第十四个五年规划和二〇三五年远景目标的建议》的说明[N].人民日报，2020-11-04.

世界百年未有之大变局,这是我们谋划工作的基本出发点。"① 我想从这个角度来谈谈中国未来经济的挑战与应对。

各界人士应该都关注到了,中国未来的发展确实面临着很多挑战,包括人口老龄化、2030 年碳达峰、2060 年碳中和、社会主要矛盾的转变,同时还面临着新的科技革命、中美关系摩擦等。

面对这么多挑战,在"十四五"规划以及中央发布的各种文件里面都谈到,发展是解决中国一切问题的基础和关键。所以,在具体阐述挑战之前,我想先谈谈中国 2021—2035 年的发展潜力有多少,发展态势到底如何,了解这一点至关重要。

正确认识中国未来的发展潜力

我借用一个开玩笑的比喻。京巴狗或藏獒小时候都非常小,个头差不多,而且看起来都像小狮子。但如果你养的是京巴狗,不管你多努力,都不可能把它养成一条大藏獒;如果你把藏獒当成京巴狗养,倒真有可能把它养成一条京巴狗。这是因为京巴狗与藏獒的生长潜力大不相同。所以,看准潜力非常重要。

应该如何看中国未来的发展潜力?从 1978 年改革开放到 2020 年,中国经济年均增长率为 9.2%,人类历史上从未有任何

---

① 贯彻新发展理念推动高质量发展　奋力开创中部地区崛起新局面 [N]. 人民日报,2019-05-23.

国家或地区以如此高的增长率持续增长这么长时间。我们共同见证和参与了人类经济史上的这一奇迹。

对于未来，各界都很关心，可是目前国内外的学界和舆论界对中国未来发展的潜力普遍不看好，总结起来大致有两个原因。

一个原因是中国过去42年发展太快，是非常态，终归要向常态增长回归。根据国际著名经济学家、美国前财政部长、哈佛大学校长萨默斯的看法，中国会回落到3%~3.5%的常态增长。同时，根据宾夕法尼亚大学 World Table[①] 第10版发布的研究数据，中国2019年年底的人均GDP（国内生产总值），按照2017年美元的购买力平价计算已经达到14 128美元。有些学者用这个数字对比德国、日本，发现德国在达到人均GDP 14 100美元左右后的16年年均增长率只有2.3%；日本在达到这一水平之后的16年年均增长率也只有4.4%。德国和日本的经济发展世界闻名。既然它们在抵达这一水平之后的16年平均增长率只有2.3%和4.4%，那么中国在2019—2035年这16年间的增长潜力也不会很高。这个推理听起来好像很合理。另一个原因是中国已经开始出现了人口老龄化，其他国家在出现人口老龄化之后，经济增长都放慢了，中国经济增速也难免会放缓。

上述研究似乎非常有说服力，但我个人不太同意。因为中国在过去这40多年里能够实现每年9.2%的增长有很多因素，但最重要的决定因素是在经济发展过程中充分利用了与发达国家的

---

① World Table 是由宾夕法尼亚大学国际比较中心建立的数据库。——编者注

产业与技术差距所蕴含的后来者优势。

对一个国家或地区来说，经济要发展，生活水平要提高，就要靠劳动生产率水平的不断提高，这就要求技术不断创新、产业不断升级。发达国家的技术与产业处于全世界最前沿，其技术创新和产业升级必须靠自己发明，投资非常大，风险非常高，进步速度非常有限。历史经验表明，发达国家过去100多年来的常态增长是萨默斯所说的每年3%～3.5%。然而，发展中国家可以利用与发达国家的产业与技术差距，引进成熟的技术作为自身技术创新和产业升级的来源。这种方式的成本和风险都比较小。懂得利用这种方式的发展中国家，其经济发展速度可以比发达国家更快。中国改革开放以后，正是利用这个优势实现了每年7.0%甚至更高、持续25年或更长时间的发展，成为二战以后13个发展中经济体之一。

因此，从这个角度来说，要看中国未来的发展潜力并不是看现在的收入水平，而要看中国现在跟以美国为代表的发达国家之间的差距还有多大。

以德国和日本为例。德国人均GDP达到14 120美元左右是在1971年，那时它已达到美国人均GDP水平的72.4%，无疑已经跻身全世界最发达的国家之列，已经用尽了后来者优势，要进行技术创新和产业升级都必须靠自己发明，经济增长速度自然会慢下来。日本在1975年人均GDP达到14 120美元左右，当时它达到了美国人均GDP水平的69.7%，也成了世界上最发达的国家之一，技术已经发展到世界最前沿，经济增长必须靠自己探索，发展速度当然也会慢下来。

中国在 2019 年人均 GDP 达到 14 128 美元，但只有美国同期水平的 22.6%。

相比之下，德国、日本、韩国等其他发展得比较好的国家，是在什么时候人均 GDP 达到美国的 22.6% 的？德国是在 1946 年，日本是在 1956 年，韩国是在 1985 年。德国从 1946 年到 1962 年，16 年平均经济增长率达到 9.4%；日本从 1956 年到 1972 年，16 年的平均经济增长率达到 9.6%；韩国从 1985 年到 2001 年，在其间遭受亚洲金融危机出现一年负增长的状况下，16 年平均增长率仍高达 9.0%。从这些数据来看，中国未来 16 年（从 2019 年算起）应该也有大约 9% 的增长潜力，因为德国、日本、韩国等国家都已经实现了这一点。

对此，很多人又开始强调第二个原因，即人口老龄化影响经济增速。确实，面临人口老龄化的国家，经济增长速度都较慢，但不要忘了，发生人口老龄化的国家多数是发达国家，老龄化到来时，其技术已经发展到世界最前沿，技术进步要靠自己探索，再叠加劳动力供给速度减缓，经济增速就更慢。中国正在发生人口老龄化，但我们的人均 GDP 只有美国的 22.6%，技术创新和产业升级都可以利用后来者优势，还可以通过把劳动力从低附加值产业往高附加值产业配置来提高劳动生产力，这个空间仍然非常大。所以，如果中国能利用后来者优势，即使人口不增长，也可以比发达国家增长得更快。另外，中国目前正在逐步延长退休年龄，这有利于增加劳动力供给。而且，劳动力的重要性不仅体现在数量上,还体现在质量上,中国还可以提高人均效率水平。

我们再对比一下德国、日本、韩国在人均 GDP 达到 14 120 美元左右之后 16 年的人口增长情况,看看人口因素在经济增长中的贡献。德国 1946—1962 年的年均人口增长率是 0.8%;日本 1956—1972 年的年均人口增长率是 1.0%;韩国 1985—2001 年的年均人口增长率是 0.9%。中国 2019 年的人口自然增长率是 0.3%,将来也许会降到 0。因此,即使不考虑把劳动力从低附加值产业配置到高附加值产业的可能,不考虑延长退休以及提高教育质量的可能,中国和日本、德国、韩国的人口增长率因素相比,顶多也就是 1 个百分点的差距。

因此,我认为到 2035 年之前,中国应该还有年均 8% 的增长潜力。相比德国、日本和韩国实际 9% 的增长,考虑到人口增长因素,我下调了一个百分点。

当然,有这个增长潜力未必可以开足马力不顾其他因素去发展,因为中国要实现的是高质量增长,接下来必须解决好环境问题(包括碳达峰、碳中和)、城乡差距、地区差距等问题,还有中美关系摩擦带来的"卡脖子"问题。综合考虑这些必须应对的问题,以及 8% 的增长潜力,我认为,中国未来 15 年(2021—2035 年)实现年均 5%~6% 的实际增长应该完全有可能。

习近平总书记在给"十四五"规划提建议时曾谈道:"在征求意见过程中,一些地方和部门建议,明确提出'十四五'经济增长速度目标,明确提出到 2035 年实现经济总量或人均收入翻一番目标。"① 不论实现哪一个目标,2021—2035 年都需要达到年均 4.7% 的经济增长率。

如果中国能够实现 5%～6% 的经济增长率,到 2025 年人均 GNI(国民总收入)就会跨过 12 535 美元的门槛,成为一个高收入国家,这将是一个历史性的时刻。因为直到现在,全世界生活在高收入国家的人口只占总人口的 18%,如果中国变成高收入国家,这个数字就会翻一番。到 2035 年,中国人均 GDP 应该能达到 23 000 美元(按照 2019 年的美元购买力计算),中国将会成为一个现代化的社会主义国家。

同样从收入水平差距所代表的产业与技术水平差距的角度做研究,我们可以发现中国 2036—2049 年还有年均 6% 的增长潜力,再考虑到还有不少需要应对的问题,实现 4% 左右的年均增长率完全有可能。以此计算,中国到 2049 年人均 GDP 将达到美国的一半,这是中华民族伟大复兴的一个重要指标。

发展是应对国际大变局的关键

面对世界百年未有之大变局,我们先要思考为什么会出现这个变局。经济是基础,我们看看经济的发展变化。

1900 年八国联军攻打北京,英国、美国、法国、德国、意大利、俄国、日本、奥匈帝国这 8 个国家的 GDP 按购买力平价

---

① 习近平. 关于《中共中央关于制定国民经济和社会发展第十四个五年规划和二〇三五年远景目标的建议》的说明 [N]. 人民日报,2020-11-04.

计算加起来占全世界的50.4%。奥匈帝国在一战之后垮台，分成三个国家，后来加拿大经济增长很快，到2000年，八国集团（成员是美国、英国、法国、德国、意大利、俄罗斯、日本、加拿大）GDP按购买力平价计算加起来占全世界的47%。也就是说，整个20世纪的国际政治经济主要由这8个发达国家主导。

2018年，习近平总书记在中央外事工作会议时提出"百年未有之大变局"，背景就是八国集团的GDP在全世界的占比已经下降到34.7%，从将近一半变成了三分之一左右，很难再继续成为主导世界的力量。2008年国际金融经济危机爆发时，主导世界事务的八国集团变成了二十国集团。

受这种变化影响最大的两个国家，一个是美国，一个是中国。美国2000年的GDP按购买力平价计算占全世界的21.9%，2014年中国超过美国，变成世界第一大经济体。美国现在的GDP占全世界的比重大概是16%，中国比它还高。这些事实说明，美国的比重在下降，中国的比重在上升。对此，美国的当政者、知识界、政策研究界都看在眼里。所以，奥巴马当政时提出了"重返亚太"的战略，特朗普上台后更是发动了贸易战、科技战，拜登执政之后我估计也是"换汤不换药"。这种世界老大和老二位置的互换，造成了这两个国家之间的紧张局面，同时给全世界带来了很多不确定性，所以是"百年未有之大变局"。

如果中国可以挖掘发展潜力，实现前面分析得出的发展速度，到2049年，中国人均GDP将达到美国的1/2，而中国的人口是美国的4倍，那么经济总规模就是美国的两倍。其中，北京、天津、上海加上东部沿海五省（山东、江苏、浙江、福建、广东），人口数量是 4 亿多一点，我相信这些地区的人均 GDP 和经济规模到 2049 年完全可以达到美国同等水平。人均 GDP 代表着平均劳动率水平和平均科技产业水平，到那时美国可以卡中国脖子的领域基本上已经没有了。中国中西部还有 10 亿人口，人均 GDP 只有美国的 1/3，经济规模则与美国相当，这些地区仍处于追赶阶段，经济增长速度还可以快一点。所以，中国总体的经济增长还可以更快一些。

在这种状况下，我认为中美之间的关系可能会从紧张趋向缓和。第一，到那时，美国没有什么可以卡中国脖子的领域了；第二，那时中国的经济总量是美国的两倍，美国再不高兴也无法改变这个事实；第三，中国经济增长快，是全世界最大的市场，美国经济要想发展好，为了自己的就业和繁荣，必然需要这个市场。

这种情况是有历史经验的。1900 年的八国联军，日本是其中的一个，而 2000 年日本是亚洲唯一进入八国集团的国家，日本是 20 世纪整个亚洲的领头羊，但到了 2010 年，中国经济规模超过了日本，影响力不断上升，日本右派的失落感很大，所以就制造了钓鱼岛等问题，中日关系紧张。最近中日关系有所缓和，原因是中国的经济规模已经是日本的 2.8 倍，日本再不高兴也改变不了这个事实，日本经济的发展需要依赖中国市场，中日之间的关系也就趋向于合作共赢。

"十四五"规划提到，发展是解决中国一切问题的基础和关键；同时也提到，中国发展仍然处于重要战略机遇期，继续发展具有多方面优势和条件，在质量效益明显提升的基础上实现经济持续健康发展，增长潜力充分发挥。如果能够按照中央的建议，按照《"十四五"规划和 2035 年远景目标纲要》的政策导向，我相信我们可以跨过中等收入陷阱，到 2049 年把中国建设成社会主义现代化强国，实现中华民族伟大复兴的目标，同时可以驾驭百年未有之变局，为世界重新构建一个稳定的、共享繁荣的新格局。

第 1 章
构建新结构经济学：大道与药方

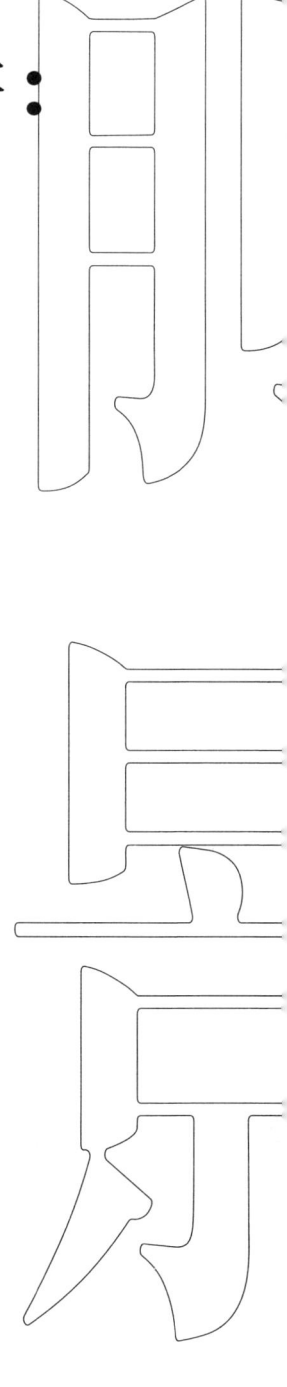

为什么说新结构经济学是最好的选择[①]

老师们，同学们，大家下午好！很高兴有机会在第二届新结构经济学本科实验班的宣讲会上与各位同学交流两个问题：一是北京大学经济学院和新结构经济学研究院为什么要办新结构经济学本科实验班；二是为什么到新结构经济学本科实验班来就读会是各位修经济学学士学位最好的选择。

为什么要办新结构经济学本科实验班

北京大学的同学们到学校来学习，选择经济学专业，是为了学习经济学理论，学习理论的目的又是什么？是帮助人们认识世界、改造世界。经济学是社会科学中的显学，学习经济学的同学在本科社会科学领域中人数最多，到目前为止学的理论都来自英

[①] 本文根据林毅夫2021年4月9日在北京大学新结构经济学实验班招生宣讲会上的发言整理。

美等发达国家，在中国是这样，在其他发展中国家也是这样。二战以后发展中国家纷纷摆脱殖民地、半殖民地的地位，开始追求自己国家的工业化、现代化，以期实现民富国强，追赶上发达国家。但是，到现在为止尚无按照发达国家的经济学理论制定政策实现成功追赶的例子；少数几个成功追赶上发达国家的发展中经济体，它们的政策在推行的时候，从当时的主流理论来看，一般是错误的。

最明显的是中国，改革开放以后，我们用渐进的、双轨的方式来推动从计划经济向市场经济的转型。当时国际上认为中国采取的是最糟糕的转型方式，而且，有理论模型证明用这种方式转型，中国的经济会比推行计划经济时还要糟糕。在20世纪80年代和90年代转型的国家不只有中国，苏联以及东欧、拉丁美洲、非洲的很多国家也在转型，当时国际上的看法是，要想转型成功，应该一下子把市场经济所需的各种制度一次安排到位，以市场化实现价格由市场决定，以私有化实现产权明晰，以财政预算平衡实现稳定宏观经济，这些政策措施一环扣一环。

关于经济学家的一个笑话是：拿一个问题问5个经济学家，会得到6个答案，而且谁也不能说服谁。不过，1992年任世界银行高级副行长兼首席经济学家，后来当了美国财政部长和哈佛大学校长的拉里·萨默斯写了一篇文章说，出乎意料的是，对于社会主义国家和发展中国家怎么转型，整个经济学界竟然有一个共识，就是前面讲的市场化、私有化、宏观稳定化。这个共识非常有说服力，所以苏联以及东欧、拉丁美洲、非洲国家的转型，基本上都是在这个理论指导下进行的，结果这些国家经济崩溃、发展停滞、危机不断。在转型中能够维持经济稳定、快速发展的只有中国、越南、柬埔寨这几个国家，再早一点还有一个非洲小国毛里求斯，这些国家采用的都是当时被认为一定会把国家带向崩溃、停滞的渐进方式。

不仅转型是这样，在发展上也是如此。二战以后，发展中国家纷纷摆脱殖民地、半殖民地的地位，在政治上取得独立，开始追求自己国家的工业化、现代化。为了指导这些发展中国家，从主流经济学中分出了发展经济学这个子学科。当时的发展经济学认为，一个发展中国家要赶上发达国家，实现民富国强，收入水平和发达国家一样高，生产力水平就应该和发达国家一样高。生产力水平怎么才能和发达国家一样高？发展的产业、采用的技术必须和发达国家一样先进。要和发达国家一样强，则必须拥有和发达国家一样强的国防产业，国防产业都是先进的产业。所以，为了实现民富国强，必须发展和发达国家一样先进的现代化产业。但是，那些产业在发展中国家不能靠市场自发地发展起来，据此认为存在市场失灵。既然有市场失灵，政府就应该发挥作用，直接动员资源、配置资源，以发展现代化产业。

上述理论非常有说服力，所以大部分发展中国家在二战以后按照当时国际上的主流理论制定政策。这些国家确实建立起了一些现代化产业，但是建起来以后，经济就停滞了，危机不断。

东亚少数几个经济体在 20 世纪 50 年代和 60 年代开始追求工业化、现代化，发展的是传统的、小规模的、劳动密集型的产业。从当时的理论来看，这样的发展战略完全是错误的。发达国家发展现代化产业，生产力水平那么高，而发展中国家发展传统的、落后的、小规模的产业，生产力水平那么低，怎么能赶上发达国家？！但是，回过头来看，真正赶上发达国家的就是那几个在50年代和60年代采取了被当时的理论认为是错误政策的经济体。

各位到大学来读书、学理论，现在学的理论在认识世界上非常有力，例如，在发展上，认为发达国家有先进产业而发展中国家没有，所以发展中国家落后，道理很清楚；在转型上，则认为发达国家有完善的市场制度，发展中国家政府干预得太多，产权不明晰，等等，所以资源配置效率低、腐败盛行，道理也很清楚。但是，这些理论在改造世界上总是不成功。为什么呢？

后来我想明白了，原因是现在大学里学的理论都来自发达国家，发达国家的理论不是凭空而来的，一般是来自对发达国家经验的总结。像亚当·斯密的自由市场理论、分工理论是对15世纪以来英国和欧洲大陆发展经验的总结，李嘉图的比较优势理论是对英国国际贸易经验的总结，熊彼特的创造性破坏则是对欧美工业革命以后经验的总结。另外一个理论来源是解决当前的问题，例如凯恩斯的积极财政和货币政策理论。20世纪30年代，按照当时的自由市场理论解决不了经济大萧条需求不足的问题，所以凯恩斯提出了以政府主导的财政、货币政策来创造需求的凯恩斯主义。

第一届新结构经济学本科实验班的钟睿煊同学做了一个非常到位的描述，世界是复杂的，理论是简约的。在理论模型里通常只有一个因变量导致一个果变量，这样的因果逻辑就是理论。但是，在任何国家、任何社会里，社会经济变量是成千上万的，所以经济学家在形成理论的时候，实际上有两个过程：一是抽象的过程，即从这些成千上万的社会经济变量中找一个关键的因变量放在模型里；二是舍象的过程，即其他的变量不放在模型里，暂时放在一边不讨论。这些被舍象的变量其实就变成了理论的暗含前提。如果暗含前提发生关键性变化，原来的理论就不再适用。就像从亚当·斯密以后，一直到20世纪二三十年代，国际上盛行的是自由市场理论，这个理论其实有一个暗含前提，即市场供需是平衡的，如果有一个冲击，突然间需求增加，价格就会上涨，然后需求就会减少，生产就会增加，市场就会自发恢复均衡，所以政府可以放任不管。如果需求受到外生冲击突然下降，同样的道理，市场会自动恢复均衡。这个理论听起来很有说服力，但是，20世纪30年代，市场为什么没能恢复均衡？原因是30%的人失业了，失业者没有收入，价格下降不会增加需求。有工作、有收入的人，因为不知道明年是不是还有工作，所以也不会增加需求。在这样的状况下，市场就不能自动恢复均衡。

也就是说，原来凯恩斯之前的自由市场理论，虽然没有明着写，但其实都暗含了市场本身是均衡的这一前提。暗含前提变了，原来的理论就失去作用了。如果理论的暗含前提变了，在发达国家就不适用，也就是说，这些来自发达国家的理论在发达国家不能做到"百世以俟圣人而不惑"，拿到发展中国家来，发展中国家的前提条件和发达国家不一样，发展阶段不一样，各种产业的条件、制度安排也不一样，所以必然会有"淮南为橘，淮北为枳"的困境。所以，将发达国家的理论运用到发展中国家可以把问题讲得很清楚，但是真的按那样的理论去采取行动，一般不能起作用。

我 1987 年从美国回来，是改革开放后把完整的、现代的、先进的西方经济学引进中国的"始作俑者"之一，但是在工作中，我不断地发现用这些学来的理论在中国实践，出发点非常好，可产生的结果和理论的预期不一样。怎样才能让学的理论、教的理论能够真正帮助我自己，也帮助同学们认识世界、改造好世界呢？

现在的理论都是以发达国家的发展阶段、制度、文化作为前提的，但是不同发展程度的国家的产业、制度安排、历史文化传统是不一样的，用经济学的术语来说就是，结构是不一样的。现在的理论基本上以发达国家的结构作为暗含的结构，但是不同发展程度的国家的结构是有差异的。这种结构差异对经济发展、转型和运行是有影响的，而且这种差异，用经济学家的术语来说是内生的。我将这种认识形成的一个完整的研究方向命名为"新结构经济学"。

为什么要办新结构经济学本科实验班？就我个人以及北京大学经济学院和新结构经济学研究院的老师来说，是抱着野人献曝的心情，想和各位分享一个能帮助各位更好地实现"认识世界、改造好世界"相统一的理论。

为什么到新结构经济学本科实验班来就读会是各位最好的选择

各位也许会说，对于一个现象，经济学家会有各种不同的看法，经济学界那么多老师、国外那么多经济学家并不见得接受新结构经济学，我为什么要来学习新结构经济学？为什么要参加本科实验班？

我想各位未来可能成为经济学家，也可能成为政治家，或是到企业去从事实务工作，成为企业家。随着中国的壮大、国家影响力的提升，各位也可能到国际机构去领导国际合作、国际发展。不管各位从事什么行业，新结构经济学可以帮助各位做最好的准备，让各位做任何事都对得起自己的良心，还可以帮助各位成为各自行业里的佼佼者。

比如，要成为经济学家，需要发表论文，且发表的论文要想有贡献，必须有原创性。你们可以先学习现在的主流理论，掌握了它以后，再看看多数经济学家怎么做研究。中国和其他发展中国家的经济学家，普遍在拿发达国家的理论来对照自己的国家，有的写文章讲自己的国家有什么问题，有的拿自己国家的数据来检验发达国家的理论为什么正确。这样的文章能发表，但是这样的文章对经济学的理论发展基本没有贡献。

如果各位来学习新结构经济学，研究中国的现象和问题有"近水楼台先得月"的比较优势。新结构经济学的理论框架会提醒各位，中国的结构和发达国家的结构不一样，这种差异不仅有影响，而且是有原因的，新结构经济学可以帮助各位找出原因来。按照这个方式做研究，就可以提出很多和现在主流理论不一样的新看法、新见解，就会有新的理论贡献。

我1995年在《经济研究》创刊40周年时写了一篇祝贺文章，倡导以规范的方法研究中国本土的问题，指出这样的成果会对经济学理论发展做出贡献因而可以产生国际影响。在这篇文章里，我还提出一个论断：21世纪会是中国经济学家的世纪，21世纪会是经济学大师在中国辈出的世纪。为什么我那时候能做出那样的论断呢？因为正如我前面讲的，任何理论都是一个很简单的因果逻辑，而且通常是越简单越好。既然是越简单越好，那么为什么说某个理论是大的理论、重要的理论，提出这个理论的人是大师，其他的理论就不重要，其他的理论提出者就不是大师呢？

其实理论的重要性决定于其所解释的现象的重要性。发生在重要国家的现象，就是重要现象。经济学是在1776年亚当·斯密出版《国富论》后才从哲学中分出来变成一门独立的社会科学的。从亚当·斯密一直到20世纪30年代的凯恩斯，世界上著名的经济学家不是英国人，就是在英国工作的外国人。20世纪三四十年代以后，世界上著名的经济学家不是美国人，就是在美国工作的外国人，其他地方也有，但数量很少。为什么是这样？因为亚当·斯密出版《国富论》的时候工业革命刚刚开始，从那时候一直到一战，英国是世界的经济中心，发生在英国的现象是最重要的现象，英国的经济学家在解释现象上有"近水楼台先得月"之便，所以著名的经济学家不是英国人，就是在英国工作的外国人。一战以后，世界经济中心逐渐转移，到二战以后，美国成了世界经济中心，了解美国的现象，美国的经济学家同样"近水楼台先得月"，所以大师级的经济学家不是美国人，就是在美国工作的外国人。

各位生在一个好的时代，按照购买力平价计算，中国在2014年超过美国成为世界最大经济体，而按照市场汇率计算，在2030年左右，中国将变成世界上最大的经济体。当你们从大学毕业，拿到博士学位开始要做研究的时候，中国已经是世界上最大的经济体了，到你们50岁时，正好是第二个百年目标实现的时候，我相信届时的中国经济规模至少是美国的两倍，中国将成为世界经济中心。各位要抓住时代给你们的机遇，不能拿西方那套理论来看中国，必须在中国的土地上了解中国的结构特性，了解中国结构产生的原因，也就是要用新结构经济学的视角来做研究。这样做研究有可能让各位成长为有创新性贡献的经济学家。在你们当中如果一些人抓住了大问题，就会成为引领时代思潮的经济学大师。

如果你们想从政，我再讲个故事。2019年北京大学新结构经济学研究院和莫斯科大学在莫斯科联合举办了一场关于苏联东欧转型30年、中国转型40年的国际研讨会。在那场研讨会上，我做了一个主旨演讲，谈中国的渐进双轨制改革取得的成绩。代表俄罗斯来做主旨演讲的格拉济耶夫教授是在俄罗斯非常有影响力的学者和政治家，他在20世纪80年代曾任莫斯科大学经济系教授，当时的系主任则是盖达尔，两位教授当时都是30多岁。在叶利钦时代，两人受到重用，盖达尔担任副总理，后来当了代总理，格拉济耶夫则担任经济部部长，两人联手推动了俄罗斯的"休克疗法"。我们经常说是哈佛大学的杰弗里·萨克斯去给俄罗斯当顾问，俄罗斯才推动了"休克疗法"。其实不然，这是由俄罗斯的知识分子如格拉济耶夫和盖达尔推动的，他们在大学里教书，根据西方盛行的新自由主义理论写了大量文章解释计划经济为什么不行，他们认为就是因为政府干预得太多，而俄罗斯要强起来，就应该建立一个完善的市场经济体系，价格必须由市场决定，产权必须是私有的、明晰的，政府除了保持预算平衡、维持宏观稳定，其他的事不应该干预，这些观点成为当时的社会思潮。1991年叶利钦上台后就重用这两位三十几岁的杰出经济学家，给他们这样的政治舞台以"休克疗法"去推行"华盛顿共识"的改革。

在这场研讨会上，格拉济耶夫提到，当时他们确实相信"休克疗法"是让俄罗斯强盛的唯一办法，但是他也说，经过这30年的实践，以及与中国的对比，他认为中国当时走的道路是对的，是他们把俄罗斯的经济带上了歧途。

现在我们只是最接近中华民族的伟大复兴，还没有最终实现，前进的道路上一定还有很多问题。如果各位将来从政，用主流理论来分析这些问题，都可以讲得头头是道，但是要想解决它们，必须抓住中国的各种结构特性，了解这些问题产生的根本原因，这样才能找出有效的解决办法。现在能够帮助各位客观分析中国问题的理论框架只有一个，那就是新结构经济学。但你们去看看关于其他的理论的书，哪一本介绍的不是从西方引进的理论？假设你们要当政治家，该读什么书？

各位也许没有那么大的政治抱负，就想过个好日子，到金融机构去，到企业去。那我可以再讲一个故事。自从1988年把中国转型的结构问题想清楚以后，我就经常做各种演讲，演讲的主要观点和我1994年出版的《中国的奇迹》一脉相承。在《中国的奇迹》里，我做了一个论断，如果中国能按照当时被认为最糟糕的转型方式，也就是渐进的、双轨的这种方式来改革的话，中国会保持稳定，而且会快速发展，按照购买力平价计算，到2015年，中国的经济规模会超过美国，而按照市场汇率计算，到2030年，中国的经济规模也会超过美国，成为世界上最大的经济体。

1994年的时候，中国还是世界上最贫穷的国家之一，2002年，中国年均GDP才超过低收入国家的水平，进入低水平的中等收入国家行列。我从20世纪90年代中期以来在各种场合做报告，谈中国未来的展望，别的经济学家也会做报告，他们一般拿现有的理论来看中国，然后会发现各种问题，认为不解决那些问题中国就不行，就我一个人讲中国的这些问题是怎么产生的，解决这个问题必须有什么条件，如果我们按照现在的方式来改，中国会维持稳定和快速发展，并为解决存在的各种问题创造条件。

近十多年我去做报告时经常会有朋友来打招呼，说20年前就听过我的报告，如果当时听了，按照我的预测去投资，现在自己就如何如何成功了，但是当时觉得我太乐观，没有听我的，现在感到非常后悔。当然，偶尔会有一两位朋友来感谢我，说当时自己正在犹豫，但是听了我那一席话，坚定了投资的信念，这些年做得很好。你们如果将来做企业，同样需要经常解决问题，解决问题就需要认识世界，根据认识来做决策。同样地，新结构经济学会给你们在认识问题、做决策方面提供一个更客观、更接地气的参考。

各位将来如果到国际机构去工作，同样应该学新结构经济学。最近中国庆祝脱贫攻坚取得胜利，中国改革开放后有8亿人摆脱绝对贫困，过去40年在全世界脱贫上中国的贡献率超过70%，如果把中国这8亿摆脱绝对贫困的人刨除掉，世界贫困人口是在增加，而不是在减少。

二战以后成立了很多国际发展机构，像我曾供职的世界银行，以及国际货币基金组织、亚洲开发银行、其他各个地区的开发银行、联合国开发计划署等，都在帮助发展中国家发展经济，解决贫困问题。发达国家也挺慷慨的，我出版了一本名为《超越发展援助》的书，根据里面的统计，发达国家给发展中国家的发展援助达到了4.7万亿美元。援助的钱很多，但是世界贫困人口没减少，为什么？就像我前面讲的，拿发达国家的理论去发展中国家帮助它们制定政策，出发点很好，但是效果很差。

新结构经济学这套理论来自对中国经验的总结，这套理论的暗含前提与其他发展中国家比较一致，而且这套理论也会帮助各位去认识其他发展中国家，分析其他发展中国家面临的机遇和挑战，更好地帮助它们解决问题。

我自己从到世界银行上任开始，一直在帮助非洲国家、中亚国家，甚至帮助像波兰这样的发达国家去制定发展政策。那些国家的问题从主流理论来分析，可以说得很清楚，但开出的药方从来都是出发点很好，结果很令人失望。而我开的这个药方基本都能取得预期的效果。如果各位将来到国际机构去工作，不要只是有好心，还要干好事，新结构经济学可以让各位成为这些国际发展机构中干好事的中坚力量，帮助发展中国家发展经济、消除贫困、实现繁荣。

实现新结构经济学本科实验班"知成一体"

我在宣讲会上抱着"负日之暄，人莫知之"的心情讲了这么多话。时代给各位在各个领域提供了做出开创性贡献的机遇，我希望各位不要辜负这个时代，我期盼各位加入新结构经济学本科实验班来学习、深化、应用新结构经济学，践行新结构经济学本科实验班"知成一体"的宗旨。王阳明倡导"知行合一"，现在的社会科学理论在"知"的方面很有力，但是在"行"的方面经常事与愿违。王阳明的"知行合一"是"知者行之始，行者知之成"，讲求知成一体，这是因为王阳明的知行合一讲的是道德哲学，要忠于国家、孝顺父母，知道了、去做了就是忠与孝，所以行了就是成了。经济学是社会科学，如果拿西方的理论直接来用，则很可能是"知者行之始，行者知之死"，新结构经济学可以让各位实现"认识世界"和"改造好世界"的统一，所以是"知成一体"，是社会科学版的"知者行之始，行者知之成"。谢谢各位！

推动经济学理论的自主创新

2019年是新中国成立70周年。在中国共产党的领导下，经过全国上下的不懈探索，中国从一个贫穷落后的农业国家，发展为世界第二大经济体、制造业第一大国。回顾过去不平凡的70年，前30年中国努力建设工业现代化推动经济发展，未摆脱贫困，后40年创造了人类经济史上不曾有过的发展奇迹。结合中国自身发展经验和其他发展中国家的发展状况来看，反思主流的理论思潮并进行理论创新很有必要。这既可以帮助我们洞悉国际主流经济理论适用的局限性，也有利于我们抓住时代机遇推动经济学理论的自主创新。

新中国70年经济发展的框架简述

新中国70年经济发展大体可分为两个阶段：第一个阶段是从1949年到1978年，推行计划经济体制；第二个阶段是从

1978年年底到现在，推进改革开放，建立和完善社会主义市场经济体制。

在计划经济时期，中国所参考的经验主要是"苏联模式"，其目的是想在一穷二白的基础上建立起一个完整的重工业体系。当时国际主流的结构主义经济发展理论也提出了同样的建议。这种发展方式虽然可以让一个发展中国家在一穷二白的基础上迅速建立起现代化的工业体系，但推行这种发展方式的发展中国家经济发展的总体成绩并不好。从中国的情形来看，在计划经济制度下，中国建立了较为完整的现代化工业体系，但工业效率极其低下，人均收入水平很低，人民生活水平长期得不到改善，与发达国家的收入差距也不断扩大。

1978年年底，中国在社会主义国家中率先从计划经济体制向市场经济体制转型，而且这一转型并没有遵循当时国际主流的新自由主义经济理论，而是按照解放思想、实事求是的原则，推行了渐进双轨制改革，同时设立经济特区等，创造局部有利条件来突破基础设施和营商环境的瓶颈限制。

20世纪八九十年代，国际上流行的新自由主义认为，由计划经济向市场经济转型必须以"休克疗法"一次性做到位，像中国推行的那种渐进双轨制转型，即市场和政府同时配置资源是最糟糕的制度安排，会导致经济效率比原来的计划经济更低、问题更多。

然而，中国过去40年经济快速发展，用几十年时间走完了发达国家几百年走过的发展历程，创造了发展的奇迹。同时，我们对改革的认识和部署也不断与时俱进。2013年，党的十八届三中全会审议通过了《中共中央关于全面深化改革若干重大问题的决定》，提出"使市场在资源配置中起决定性作用和更好发挥政府作用"。党的十九大报告强调了"使市场在资源配置中起决定性作用，更好发挥政府作用"的重大理论观点，并指出中国经济已由高速增长阶段转向高质量发展阶段，正处在转变发展方式、优化经济结构、转换增长动力的攻关期。

高质量发展必然要伴随人均收入的不断增加，以及越来越高的劳动生产率水平。一般来说，劳动生产率水平的提高有两条途径：一是通过技术创新，提高现有产业中产品的质量和生产效率；二是通过产业升级，将现有劳动力、土地、资本等生产要素配置到附加价值更高的产业。根据新结构经济学的分析，这两者的实现需要"有效市场"和"有为政府"的共同作用。

当前，国内外形势正在发生深刻复杂的变化，中国发展仍处于重要战略机遇期，前景十分光明，挑战也十分严峻。在经济新常态下，贯彻新发展理念，建设现代化经济体系，以供给侧结构性改革为主线，推动经济发展质量变革、效率变革、动力变革，发挥好"有效市场"和"有为政府""两只手"的作用，即使在相对不利的国际外部环境中，中国的经济也能够不断增强创新力和竞争力，确保到2020年实现全面建成小康社会的目标，并乘势而上开启全面建设社会主义现代化国家新征程。

国际主流经济学理论及其适用的局限性

发展经济学主张发展中国家应该发展和发达国家一样先进的现代化大工业。新自由主义认为，社会主义国家以及其他发展中国家经济发展不好是因为政府对市场干预得太多，造成了各种扭曲。然而，一些发展中国家按照这些理论来制定发展和转型政策时却屡屡失败，原因是这些理论忽视了发展中国家与发达国家的差异。

从国际范围来看，在不同阶段，世界上存在不同的主流经济理论。

20世纪30年代经济大萧条以后，凯恩斯主义成为西方宏观经济学的主流，强调市场失灵和政府对市场的干预，认为任何一个国家经济要发展好必须靠政府克服市场配置资源的局限性。同时，二战后很多发展中国家摆脱了殖民地、半殖民地的地位，开始追求自己国家的现代化。应时代发展需要，西方主流经济学分出了一个新的子学科——发展经济学。第一代发展经济学理论现在被称为"结构主义"，结构主义主张发展中国家要实现民富国强，要追赶上发达国家，就应该发展和发达国家一样先进的现代化大工业。其理由是："民富"希望收入水平和发达国家一样高，其前提是必须有和发达国家一样高的劳动生产率。要和发达国家有一样高的劳动生产率，就必须有和发达国家一样先进的技术和产业。"国强"则必须有先进的军事装备，这些装备也是由先进的技术和产业生产的。然而，事实上发展中国家当时的产业都是传统的农业或是自然资源产业，劳动生产率水平很低，所以收入水平也很低，国家也不强。因此，结构主义认为，发展中国家应该以发展现代、先进产业为目标。但是，那些现代化产业在发展中国家依靠市场发展不起来。结构主义认为这是市场失灵造成的，所以建议发展中国家由政府直接动员资源、配置资源，以进口替代方式发展现代化产业。一些国家在当时的这种主流理论思潮的影响下，出现了工业建设有成绩、但人民生活水平没改善的问题，并且经济出现了停滞和危机。

由于结构主义发展政策的失败，到了 20 世纪 80 年代，新自由主义取代结构主义成为国际上的主流思潮，新自由主义认为社会主义国家以及其他发展中国家经济发展不好是因为政府对市场干预得太多，造成了各种扭曲，经济发展不好是政府干预得太多造成的。从经验实证来看，政府主导的经济体系效率不如发达国家的市场经济体系。所以，转型的目标是向市场经济体系过渡。按照当时的主流思潮，要向市场经济体系过渡就必须建立起市场经济所必需的制度安排。所以，在 20 世纪 80 年代，根据当时的新自由主义思潮形成了"华盛顿共识"，这个共识就是转型要成功必须推行市场化、私有化、宏观稳定化，而且这些必须同时到位才会有效果。如果市场放开了，产权不改革，结果会更糟；如果市场放开了，产权改革了，但宏观不稳定，结果也会更糟。然而，绝大多数根据主流的"华盛顿共识"来转型的国家，经济崩溃、发展停滞、危机不断，而且出现了比较严重的腐败、贫富差距大等问题。

从对现代经济学的反思与国际发展经验来看，在发展方面按照主流理论制定政策的国家基本都出现了问题，而中国违反了主流理论却实现了快速发展。那么，为什么这些思路清晰、逻辑严密的主流理论在解决问题时显得苍白无力？为什么一些发展中国家按照这些理论来制定发展和转型政策时却屡屡失败？最主要的原因是这些理论来自发达国家，以发达国家为参照系，忽视了发展中国家与发达国家的差异是条件不同的内生结果。

具体来说，第一阶段的发展理论主张发展中国家建立现代化工业体系，但是该理论忽略了不同发展程度的国家产业结构的内生性，即产业结构内生于不同发展程度国家的禀赋结构。例如，发展中国家的产业通常是劳动密集型或者是自然资源密集型，生产力水平低；发达国家的产业主要是资本密集、技术先进的产业，生产力水平高。这种产业结构的差异性是内生决定的。发达国家发展资本很密集、技术很先进的产业，是因为发达国家从工业革命以后经过两三百年的资本积累，资本相对丰富，在这种资本密集的产业上有比较优势。发展中国家的共同特性是资本短缺，因此在资本密集的产业上没有比较优势。一个国家若发展那些没有比较优势的产业，其结果必然是，在开放竞争的市场中，这些产业中的企业没有自生能力，离开保护补贴就活不了。例如，发达国家的劳动密集型加工业和发展中国家的资本密集型产业就是这种情形。可是，在二战以后形成的主流发展理论没有认识到各个国家的产业结构是内生决定的，只看到发展中国家传统产业的生产力水平低，在没有改变导致内生结果的原因的情况下，就让其发展先进的资本密集型产业，必然会失败。

第二阶段的转型理论没有意识到扭曲的内生性。在转型时，新自由主义的理论听起来也是非常有说服力的，只要有政府的干预扭曲，必然有资源的错误配置和寻租腐败等。那么，为什么按照该理论去进行转型，结果是经济增长的速度比原来慢、危机发生的频率比原来更高呢？最主要的原因是新自由主义理论忽视了在转型之前的各种扭曲也是内生的。那些扭曲、干预、补贴之所以存在，就是因为转型前要优先发展的产业资本太密集，这些产业中的企业在开放竞争的市场中没有自生能力，不给补贴就活不了。按照新自由主义的观点，要建立像发达国家那样有效的市场，必须同时推行市场化、私有化和宏观稳定化，政府财政预算必须平衡，也就是要把各种保护补贴一次性取消掉。取消掉的结果是，原来那些不具备比较优势的产业就活不了，因此就会出现大量的企业破产，导致大量的失业，就会出现社会不稳定等问题，经济也会随之崩溃。由于主流的转型理论忽视了这种扭曲的内生性，尽管这一理论模型的逻辑很严谨，根据理论所做的建议很清楚，但是按这些建议来转型的结果比原来更糟。

经济学理论创新的必要性和方向

中国过去 70 年的发展是理论创新的金矿。比较而言，新中国成立后的前 30 年与其他社会主义国家或其他发展中国家没有多大的差异，而在过去 40 多年改革开放进程中走了自己的道路，创造了人类经济史上不曾有过的奇迹，需要进一步探究其背后的道理。在总结中国的发展经验以进行理论创新方面，中国经济学家有"近水楼台先得月"的优势。

现在的主流经济学理论来自发达国家，一般总结于发达国家的现象和经验，没有结构内生性的概念，而是以发达国家的产业、技术、制度等作为最优的结构。例如，金融对现代经济运行至关重要，教科书里讨论的金融制度安排一般都是发达国家适用的制度安排，包括大银行、风险资本等。这种制度安排适合发达国家那种资本很密集、技术很先进的情况，它们的生产活动和技术创新需要大量资本投入，风险非常大。可是，在发展中国家，百分之七八十的生产活动集中于小型的农户与微型、小型、中型的制造业和服务业企业，生产用的技术一般相对成熟，生产的产品也相对成熟，需要的资本规模较小，风险主要集中在经营者的能力和信用问题方面。如果按照主流金融经济学的教科书上写的那样，仅依赖大银行、风险资本等，就会发现实体经济的特性与金融安排的特性不配套，金融没有办法服务实体经济。

总之，现在的主流经济学一般把发达国家的结构作为给定的最优结构，把发达国家的产业作为发展目标。20世纪八九十年代转型的时候，把发达国家的市场经济制度结构当作最优结构，忽视了扭曲的内生性，导致的结果就是出发点非常好，但效果非常差。以主流的现代经济学理论作为经济运行方方面面的指导原则，同样会因忽视发展中国家和发达国家结构特性的差异而不适用。现代经济学的理论要在发展中国家发挥作用，就要求在理论中反映出发展中国家和发达国家结构特性的差异，并了解内生性对经济发展、转型和运行的影响。

奇迹是不能用现有的理论解释的现象，新的理论来自新的现象。如果用现有的经济理论来看中国，可能到处是问题，因此只要中国经济增长稍微放慢一点，国际学界、舆论界就会出现"中国崩溃论"，但实际上中国不仅没有崩溃，反而创造了奇迹。因此，改革开放以来的发展奇迹不能用现有的理论来解释，需要进一步探究其背后的道理，正如习近平总书记所指出的，"这是一个需要理论而且一定能够产生理论的时代……我们不能辜负了这个时代"[①]。

以中国的改革与发展经验作为理论创新的来源，最重要的是必须了解中国作为一个发展中国家，与发达国家结构的差异性是什么因素造成的。新结构经济学倡导以现代经济学的方法来研究一个经济体的结构和结构变迁的决定因素与影响。根据新结构经济学，不同发展程度国家的产业结构是内生的，每一个时点上要素禀赋给定，这些禀赋结构决定了一国在某一发展阶段具有比较优势的产业，具有比较优势的产业结合合适的基础设施和一定的制度安排，便转化为一国的竞争优势产业，这种发展结构便是最好的结构。所谓新结构经济学，实际上是历史唯物主义"经济基础决定上层建筑，上层建筑反作用于经济基础"的基本原理与现代经济学相结合形成的理论分析框架，用现代经济学的方法研究

---

① 习近平.在哲学社会科学工作座谈会上的讲话[N].人民日报，2016-05-19.

结构与结构间的关系。为区别于发展经济学第一代的结构主义，我将它命名为"新结构经济学"。

在总结中国的发展经验以进行理论创新方面，中国经济学家有"近水楼台先得月"的优势。要抓住这个时代机遇，除了必须有严谨的数理逻辑模型，还要通过扎实的宏观和微观的经验数据来了解现象以及检验各种理论假说。展望未来，我们当不辜负这个时代给予的机遇，对理论的发展做出创新性的贡献。而且，中国作为发展中国家，和其他发展中国家的条件较为近似，与来自发达国家的理论相比，来自中国的理论也能够比较好地帮助其他发展中国家抓住机遇，克服困难推进工业化、现代化，实现繁荣富足的目标。

百年未有之大变局与新结构经济学[①]

今天和各位谈一谈百年未有之大变局与新结构经济学，主要有以下几个方面。

第一点是百年未有之大变局的起因。事实上，中国的快速发展是大变局产生的重要推动因素。因此第二点就是，为什么中国在改革开放后能取得快速发展，尤其是中国的发展与西方理论之间的关系，为什么要对西方的经济学进行反思。第三点是新结构经济学的理论核心与在百年大变局时代的应用。

百年变局的起源及走向

讲到"百年未有之大变局"，先要从百年前的历史开始。100年前的20世纪初，中国还深陷苦难之中，1900年八国联军攻打

[①] 本文根据林毅夫2021年4月11日在"国家发展系列讲座"上发表的演讲整理。

北京。八国联军时期的"八国",是指英国、美国、德国、法国、意大利、俄国、日本和奥匈帝国8个工业化国家。它们是当时世界的主要经济体,其经济规模按照购买力平价计算占世界总量的50.4%,其中美国占比15.8%,是当时的世界第一经济大国。

2000年,世界出现了八国集团。这时的"八国"是指英国、美国、德国、法国、意大利、俄罗斯、日本和加拿大8个工业化国家。八国联军时期的奥匈帝国在一战后衰落并瓦解,最终退出世界舞台的中央。加拿大则发展迅速,在二战后跻身先进工业化国家的行列。最后形成由英国、美国、德国、法国、意大利、日本、加拿大组成的七国集团,后来俄罗斯加入,成为八国集团。

八国集团的经济规模,在2000年按照购买力平价计算占世界的47%。这意味着,从1900年到2000年的100年里,世界经济总量中有一半左右都被八国占据。经济是基础,决定了这100年里的世界政治格局被这八国主导。

美国是其中的典型。美国的经济规模在1900年占世界总量的15.8%,2000年增至21.19%(按照市场汇率计算已达30.6%)。回顾整个20世纪的世界主导国家,一战前是英国,二战后是美国,尽管在二战以后形成了以美国为首的资本主义阵营和以苏联为首的社会主义阵营的对峙局面。苏联解体后,美国则成了世界上唯一的超级大国。

冷战时期,资本主义世界由七国集团主导。冷战后,七国集团吸纳了俄罗斯变身为八国集团,继续主导世界。2008年,国际金融危机发生,八国集团的全球领导力式微,此时二十国集团诞生。到了 2018 年，八国集团的经济规模按照购买力平价计算，已经降到世界总量的 34.7%，勉强超过 1/3。至此，八国集团失去了主导世界政治格局的经济实力，世界由此出现了百年未有之大变局。

变局的发生主要源于中国的崛起。从 1978 年到 2020 年，中国在这 42 年里的年均增长率为 9.2%。1978 年，中国经济占世界的比重仅为 4.9%。尽管当时中国的经济规模排名世界前十，但人均 GDP 非常低，是一个贫穷落后的国家。到了 2014 年，中国的经济规模按照购买力平价计算已经超过美国，成为世界第一大国，全球影响力显著上升。

与此同时，美国的全球影响力正在下降，美国认为其世界霸权地位受到了中国的威胁。因此，奥巴马提出"重返亚太"，把美国在地中海的舰队重新部署到太平洋来。特朗普上台后更是不断加码，针对中国发起贸易战、科技战。如今拜登上台，中美之间斗争的方式可能会变，但斗争的本质不会改变。美国会继续利用它在技术和军事上的优势来压制中国，这已经是美国两党的共识。

中美两大经济体如同两头大象，一吵架就会给世界带来各种不确定性。之前哈佛大学肯尼迪学院的格雷厄姆·艾利森教授曾用"修昔底德陷阱"来形容中美关系的变化。"修昔底德陷阱"的说法源于古希腊历史学家修昔底德的研究，是指一个新崛起的大国必然要挑战既有的霸主，既有霸主也必然会回应这种威胁，使战争变得不可避免。公元前 5 世纪，靠海外贸易逐渐强大起来的雅典威胁到当时的强国斯巴达的霸权，两国由此爆发了长达 30 年的战争。当下的中美关系和历史上雅典与斯巴达的情况相似。艾利森教授的研究发现，自 16 世纪初至今，世界上总共发生了 15 次"老大"与"老二"大国位置互换的情况，其中有 11 次爆发了战争，其余为和平过渡。因此，如果按照这一理论，中美之间爆发战争的概率恐怕要超过 50%，需要大家保持高度警惕。

那么，中美之间到底会不会爆发战争？我认为，不能完全排除战争的可能性，但发生的概率非常低，应该远低于 50%。一方面，中国和美国都拥有核武器，战争的后果一定是两败俱伤，所以应该没有人会轻易发动战争。未来的中美关系，更有可能像二战后美苏之间的冷战，摩擦不断，但打不起来。另一方面，从经济学角度来说，中美之间有很深的贸易和合作，即使是冷战，对美国的企业尤其是高科技企业也将十分不利。美国高科技企业要维持领先地位，需要有巨大的投入，技术取得突破后能创造多大的利润取决于市场规模。按照购买力平价计算，中国目前已经拥有全球最大规模的市场，且每年以 30% 的增长率增长。美国高科技企业一旦放弃中国市场，就可能从高赢利变成低赢利，甚至会亏损，科技研发的高投入就难以维持，科技领先地位就难以保持。

中美大规模战争发生的可能性不高，但关系紧张是难免的。中美贸易本是双赢的结果，但是美国宁可牺牲贸易上的利益也要压制中国，甚至不惜发起贸易战、科技战。虽然明知道损人不利己，出于政治的需要，还是不断限制美国企业和中国的贸易往来。

中美之间的紧张关系会持续多久呢？特朗普和拜登都曾表示，永远不允许中国超越美国。这意味着，如果中国永远落后于美国，中美之间就会相安无事。但是，发展是基本人权，中国人民有权追求中华民族的伟大复兴。从《联合国宪章》来讲，每个国家都有追求发展的权利。因此，在美国不放弃霸权、中国不放弃发展权的前提下，我判断中美之间的紧张关系可能会一直延续到中国人均GDP达到美国的一半的时候，而中国人口是美国的四倍，也就是中国整体经济规模达到美国的两倍左右的时候。到那时，整个世界就有可能恢复至一个稳定、和平的新格局。

当中国人均GDP达到美国的一半时，中国的北京、天津、上海三个城市加上东部的山东、江苏、浙江、福建、广东五省，其人口总数、经济规模和人均GDP都将与美国相当，这也意味着中国这"三市五省"的劳动生产率水平代表的科技和产业先进程度与美国相当。到那时，美国对中国而言就不再具有科技和产业优势，也就失去了卡中国脖子的能力。而且，中国中西部大约还有10亿人口，那里的人均GDP届时还只有美国的1/3，仍然处于追赶阶段，发展速度会比美国快。

我认为当中国人均GDP达到美国的一半时，中美关系就会趋于正常化，原因有三：首先，美国到那时将失去卡中国脖子的手段；其次，中国的经济规模已是美国的两倍，美国再不高兴也改变不了这个事实；最后，中国是规模最大、发展最快的市场，美国为了国内的就业和经济发展不可能离开中国市场，必须处理好和中国的关系。因此，到那时美国只能接受中国的壮大。

这样的例子已经出现了，比如德国。美国一直希望联合欧洲国家一起围堵中国，但德国总理默克尔在 2021 年 4 月 7 日致电习近平总书记时清楚地表明了德国的立场，德国要继续加强和中国的经贸合作。原因在于中国是德国最大的出口市场，是德国创造就业和经济增长的主要来源。

再如日本，日本是八国联军和八国集团中唯一的亚洲国家，是整个 20 世纪的亚洲最强国。2010 年中国 GDP 超过日本，日本右派刚开始也不高兴，制造钓鱼岛问题，试图打乱中国发展的节奏，中日关系也因此降至冰点。现在，中国的经济规模已经是日本的 2.8 倍，日本离不开中国市场，它再不高兴也改变不了这个事实，于是中日关系目前又趋于正常。

中国能否继续保持高速发展

如前所言，世界要迎来稳定、和平的全新格局，需要中国人均 GDP 达到美国的一半。那么，中国有没有继续保持高速发展的可能？这要从中国在改革开放后的发展实践中去寻找答案。

中国在转型期经济体制存在一些问题，以至几十年来"中国经济崩溃论"此起彼伏，但 40 多年过去了，中国不但没有发生经济崩溃，反而成为世界上发展最快并且是唯一没有出现过经济危机的大国。

为什么中国经济有很多问题,却仍能快速发展?只有找到背后的真正原因,我们才可以判断中国经济到底有没有继续高速增长的可能,有没有实现人均 GDP 达到美国一半的可能。

经济增长是人均收入水平不断提高的结果,而人均收入水平提高主要依靠技术不断创新与新产业不断涌现。

在 18 世纪工业革命以前,美国和欧洲国家经济发展较慢,年均人均收入增长率只有 0.05%。由于当时的技术发展主要依靠人的经验,中国经济发展凭借人多、经验多的优势领先于西方。在 18 世纪工业革命以后,欧美国家的经济增长率提高了 20 倍,达到每年 1%,并在 19 世纪以后达到 2%,而世界上绝大多数国家没有实现经济技术的快速变迁和产业的快速升级,所以它们的收入水平与发达国家的差距越来越大。到了 1900 年,世界上形成 8 个发达工业化国家,其经济规模占到全世界总量的一半。

技术创新是指现在使用的生产技术比以前的好,产业升级是指现在的产业附加值比过去的高。工业革命以后,发达国家的收入水平一直位居世界前列,这意味着它们的技术和产业发展也一直处于世界前沿。因此,发达国家要完成技术创新和产业升级,只能依靠自己发明,而发明投入大、风险高。

而发展中国家作为后发国家,拥有后来者优势,在发展过程中可以引进发达国家的先进技术和产业作为创新的来源。这比依靠自主发明创造的成本要低很多,风险也小很多,因此可以比发达国家发展得更快一些,但到底能快多少,无法从理论推断,只能从经验上来判断。

从历史经验来看，二战后有 13 个经济体每年保持 7% 以上的增长率且持续了 25 年或更长的时间。如果发展中国家以高于发达国家两三倍的经济增长率发展并且持续 25 年甚至更长的时间，就会快速缩小与发达国家在人均收入水平上的差距。改革开放后，中国就是这 13 个经济体之一，充分利用自身与发达国家在技术和产业上的差距，促使经济快速增长。

那么，中国在未来是否还具备这样的增长潜力？国内外学界大都对此持悲观态度。到目前为止，历史上的确还没有一个经济体像中国这样可以利用后来者优势持续发展这么长时间。日本、新加坡等地在快速发展了二十几年后增速放缓，其中还包括受到人口老龄化的影响等。比如人口老龄化严重的日本，其增长率目前已跌至 1% 上下。因此，很多学者认为中国过去的高速增长在未来不可持续，中国的经济增长率会回落到 3.5% 左右。

关于老龄化对经济增长的影响，我认为不同发展阶段的国家受到的影响也不同。发达国家的技术和产业已经处于领先地位，经济发展靠自己发明技术和人口增长，人口老龄化导致人口不增长，经济增长率就会从 3%~3.5% 降为 2% 左右；中国是发展中国家，在引进发达国家先进技术和产业的基础上，即使人口老龄化导致劳动力不增长，我们也可以把劳动力从低附加值的产业转向高附加值的产业，以促进经济持续发展。

关于后来者优势可持续的时间，我们可以参考一些历史上的例子。2019 年，按照购买力平价计算，中国人均 GDP 已经达到 14 128 美元，而日本、德国、韩国在人均 GDP 达到 14 128 美元左右时，其经济增长率就明显下降了，比如德国在此后降至2.3%并且持续了16年。于是很多人觉得，既然发达国家的情况如此，那么中国也不会例外。

然而，我认为关键要看我们还有没有后来者优势，而不是简单依据收入的绝对值做判断，收入的相对值才决定着后来者优势。从收入相对水平来看，当人均GDP达到14 128美元时，德国的人均GDP已经达到美国的72.4%，日本已经达到美国的69.7%，两国已经跻身最发达国家的行列，这意味着它们的技术和产业创新都只能依靠自身的创造发明，没有后来者优势可以利用，经济发展自然放慢。

中国在2019年人均GDP达到14 128美元时，人均GDP只占美国的22.6%，只相当于德国在1946年、日本在1956年、韩国在1985年的经济发展水平，而这三个经济体在相应时点之后的16年，经济增长率分别达到9.4%、9.6%和9.0%。当时这三国的人口也在增长，如德国年均增长0.8%，日本为1%，韩国为0.9%，中国目前只有0.3%甚至不久将降至零。即便考虑人口问题，中国在2019年后的16年仍然还有8%的增长潜力，更何况中国还可以将劳动力从低附加值产业向高附加值产业转移。即便再考虑碳中和、贸易战和科技战等因素，我相信中国2019—2035年在8%的增长潜力下实现6%左右的年均增长，2036—2050年在6%的增长潜力下实现4%左右的年均增长，也都游刃有余。

照此发展，中国人均GNI会在2025年超过12 535美元，中国将成为高收入国家,这在人类历史上将是重要的里程碑。到目前为止,全世界高收入国家人口只占世界总人口的18%,而中国人口比世界总人口的18%还多一点,这意味着2025年后,全世界生活在高收入国家的人口将翻一番。到2030年,即便按照汇率计算,中国的经济规模也将超过美国。到2035年,中国人均GDP会在2020年的基础上翻一番,达到中等发达国家水平。到2049年,中国人均GDP将达到38 900美元(以2019年美元汇率计算)。美国2019年人均GDP为65 000美元,预计2049年人均GDP将达到91 000美元,比中国人均GDP的两倍多一点。研究经济的人都知道,我们只要维持比较高的增长率,劳动生产率的增长速度就比美国快,人民币就可以保持长期升值。如果把这些因素考虑进去,我相信中国人均GDP在2049年达到美国一半的目标可以实现。

因此,只要中国充分利用后来者优势完成技术和产业升级,就能完成中华民族伟大复兴的目标,世界格局也会进入新的稳定阶段。

对发展经济学的反思

如何继续把握后来者优势呢?中国有句话叫"思路决定出路",其实外国人也这么认为。凯恩斯说,一个国家发展得好与不好,起决定作用的是思路。思路源于理论对现实问题的认知,由理论决定,也由我们的世界观决定。

后来者优势不仅中国有，所有发展中国家都有，但为什么只有少数几个国家成功利用了后来者优势？主要原因在于，二战后绝大多数发展中国家抱着"西天取经"的心态，盲目照搬发达国家的理论和模式，但到目前为止，没有一个发展中国家按照发达国家的理论获得了发展的成功。

我们讲百年未有之大变局下的新结构经济学，需要先对现有的理论进行反思。学习理论的目的是认识世界，让我们能够解释所观察到的经济现象背后的原因，然后去指导我们的决策，包括政府的政策和企业的发展决策。如果我们学到的理论不能解释我们发现的问题，或是我们根据这个理论制定的政策不能达到预期的效果，那么我们就应该反思这个理论。

2008年以来，国际上对现代主流经济学有很多反思，因为现代主流经济学不仅未能预测到2008年的金融危机，而且发达国家自身经济增长的速度也明显减缓。从数据上看，2008年危机之前，发达国家年均经济增长率是3%~3.5%，但如今十多年过去了，在现代经济学指导下被认为恢复得最好的美国经济，2019年的增长率也只有2.7%，2020年因为新冠肺炎疫情变成了负数，2021年也许有所恢复，但后续可能要回落到2%左右，相比原来的3%~3.5%下降了近50%。其他发达国家的恢复情况还不如美国。

这也是国际经济学界对20世纪七八十年代以来非常盛行的新自由主义经济学理论有很多反思的原因。这并不是对经济发展理论的第一次反思。此前，西方就已经对发展经济学有过反思。

发展经济学诞生于二战以后，当时很多发展中国家摆脱了殖民地、半殖民地的地位，开始独立自主追求国家的现代化。为实现现代化，当时的主流经济学中出现了一个新的子学科——发展经济学。第一代发展经济学一般被称为"结构主义"。当时，这些发展中国家取得了政治独立，都希望实现工业化、现代化，希望老百姓的生活水平可以和发达国家的老百姓一样高，国家可以和发达国家一样强，也就是民富国强。当时经济学界和政治领导人都认为，要想和发达国家一样富强，就要拥有和发达国家一样的高收入水平和生产力水平，进而就必须建设和发达国家一样的先进产业。二战后，当时世界上最先进的产业大都是资本密集、规模很大的现代化产业。于是，绝大多数发展中国家也一致决定优先发展资本密集、规模庞大的现代化产业。然而，在发展中国家，这些产业在市场中无法自发地发展起来，因为存在很多结构性障碍，市场无法有效配置资源，会出现市场失灵。要克服这些，就必须由政府主导建设。

由于发展中国家原来的现代化工业制造品都是从国外进口的，出口产品一般都是矿产资源、农产品，按照当时发展经济学的理论，这些工业制造品不再进口，改为自己生产，故也称为"进口替代战略"。在结构主义的"进口替代战略"指导下，发展中国家靠政府的投资拉动普遍取得了 5~10 年的快速增长。但是，这些新建立的现代化产业没有效率和竞争力，只能靠政府持续的保护补贴维持，导致整体经济发展并不好。到 20 世纪 60—70 年代，这些国家不仅收入水平没有提高多少，与发达国家的差距还越来越大,并且产生了不少危机。

所以,被称为结构主义的第一代发展经济学,在解释发展中国家为什么落后时,在逻辑上看起来非常清晰,也很有说服力,但据此理论制定的政策和实施结果普遍失败,人们要对此进行反思。

因为结构主义失败,西方经济学界反思的结果是在20世纪70年代产生了新自由主义,认为发展中国家经济发展不好是政府对经济有太多的干预和扭曲,造成资源错误配置、效率低下、寻租腐败频发、收入差距扩大。这种观点的逻辑也非常清楚,很有说服力,从20世纪80年代开始盛行,至今在中国国内仍有不少信奉者。

根据新自由主义的观点,发展中国家的问题源于政府干预,要解决问题就应该建立和发达国家一样的完善的市场经济体系,价格完全由市场决定,也即完全的"市场化"。同时,企业应该自负盈亏,因此必须把原来的很多国有企业私有化。并且在宏观上,政府应该维持经济稳定,不能有高的通货膨胀,这就要求政府财政预算必须平衡,不应该有财政赤字。简而言之就是,发展中国家最好进行市场化、私有化、宏观稳定化,政府财政预算平衡,以建立和发达国家一样的运行良好的市场体系。

1992年,时任世界银行首席经济学家、后来担任美国哈佛大学校长和美国财政部长的劳伦斯·萨默斯写了一篇文章,指出经济学界对于发展中国家的转型出乎意料地达成了一个"共识",即要想从计划经济向市场经济过渡成功,必须采用"休克疗法",

将"华盛顿共识"所主张的市场化、私有化、宏观稳定化同时落实到位。

然而，照搬"华盛顿共识"的发展中国家最后都出现了经济崩溃、发展停滞和危机不断的情况。数据表明，20世纪80—90年代，推行新自由主义市场化改革的发展中国家相比20世纪60—70年代结构主义的"进口替代战略"时期，平均经济增长速度更慢，危机发生的频率更高。所以，有些经济学家把20世纪80—90年代由新自由主义主导的这20年称为发展中国家"迷失的20年"。

由此，新自由主义和结构主义遭遇同样的命运：对发展中国家的问题，解释起来头头是道，逻辑上滴水不漏，但遵照执行的结果正好相反。

值得庆幸的是，二战以后也有少数几个本来落后的经济体经济发展得不错，但它们推行的政策如果用西方主流理论来看都是离经叛道的。

这些发展得不错的经济体首先是20世纪五六十年代的"亚洲四小龙"，即韩国、新加坡、中国台湾、中国香港。到20世纪80年代，这4个新兴市场经济体已经成为新兴工业经济体，到如今则已经全部是高收入经济体。

如果以20世纪五六十年代的主流结构主义来看，"亚洲四小龙"的政策大多是错误的，这些经济体并没有一开始就建设现代化的大产业，相反，都是从传统的、劳动密集的小规模制造业着手发展的。它们也没有追寻结构主义的"进口替代战略"，而是坚持以出口为导向。当时的主流经济学理论认为，这种发展模式不可能赶上发达经济体。事实证明，看似采取错误政策的这几个经济体反而赶上了发达经济体。

然后是现在发展得比较好的中国大陆、越南、柬埔寨等转型中经济体，以及70年代初就开始转型的非洲毛里求斯。在大多数发展中国家采纳"休克疗法"时，这几个经济体普遍采取了"渐进双轨制"：一轨是保留国有，企业仍由政府控制；另一轨是走向市场经济，放开市场，发展民营企业。双轨意味着市场与计划并存。

当时，在新自由主义看来，计划经济不如市场经济，像中国大陆这种计划与市场并存的双轨制经济是最糟糕的制度安排。理由是计划和市场同时存在，腐败空间大量扩张，而政府干预经济，资源错误配置的可能性也会大大增加。可如今看来，这几个从理论上似乎最糟糕的转型经济体，反而都取得了成功。

也有人认为，"亚洲四小龙"一开始就是市场经济，中国、越南、柬埔寨等也是从计划经济向市场经济转型，因此新自由主义似乎是对的、有效的。新自由主义无法解释的是，中国等转型经济体不是所谓的有限政府，只管教育、健康和社会秩序，而是积极有为的政府，对经济有很多干预，包括宏观调控、产业政策、发展规划等，更像是结构主义所倡导的政府。因此，这些后发经济体的成功，用传统的结构主义和后来的新自由主义都无法很好地解释。

一开始我就讲过，理论的作用是帮助我们认识世界、改造世界，但到现在为止，用发展经济学理论指导的经济体都没有成功，而成功的几个经济体执行的都不是这些理论所倡导的政策。因此，我们需要一个理论能够解释为什么中国大陆在存在那么多问题的同时，还能实现那么快的发展，同时也能解释其他发展中经济体的成功与失败。在对问题的进一步反思中，我提出了新结构经济学，这是第一个来自发展中国家的经济学理论体系创新。当然，此前发展中国家并不是没有经济学学者提出过新的理论，但尚未有人提出过完整体系的理论。

新结构经济学

我的新结构经济学在1988年初步形成完整的理论框架。2021年是新华社《瞭望》周刊创刊40周年，前几天他们提到在1989年采访我的一篇文章。我在那篇文章里已经提到新结构经济学的思路，后面30多年都是基于这个理论思路的分析和应用。绝大多数听我讲过的人表示应该早一点听，早一点相信，特别是一些做企业的朋友说，如果早一点按照我的理论判断的方向去做，企业会发展得更好。

面对百年未有之大变局，中国需要新结构经济学这样的理论创新，中国经济也为新结构经济学提供了更加广阔的应用场景。

我常常讲经济学的研究应该回归亚当·斯密。我指的并不是回到亚当·斯密在《国富论》中的结论，比如分工很重要，国际贸易自由化很重要，或者要依靠市场中"看不见的手"来配置资源等，我强调的是回到亚当·斯密的研究方法，看他是怎么得出这些结论的。

我们讲读书要"明理"，但是我觉得不够，因为理是不断变化的，更重要的是要学会"明明理"，就是要拥有自己观察现象、自己总结经验的能力，学会抓住问题的本质和决定因素。亚当·斯密的研究办法，就是观察现象的本质，探索现象背后的决定因素，进而提出自己的看法和解释，而不是套用前人的理论。我研究新结构经济学采用的就是亚当·斯密的办法。

对发展经济学而言，想研究的问题是怎么让收入水平不断提高，穷国怎么变成富国，富国怎么变得更富。

收入水平的快速增长是现代现象。18世纪以前，经济发展的速度非常慢。根据一些经济史学家的研究，18世纪以前西欧国家的人均收入年均增长率只有0.05%，以此速度，人均收入1 400年才能翻一番。18世纪以后，人均收入年均增长率突然从0.05%变成1%，收入翻一番所需要的时间也从1 400年变成70年。从19世纪末到现在，西欧和北美发达国家的年均人均收入增长率又翻一番，从1%变成2%，加上人口增长，每年增长率为3%~3.5%。

现代经济增长突然加速，最主要的原因是18世纪中叶以后工业革命、技术创新以及附加值更高的产业不断涌现，让劳动生产率水平快速提高。同时，伴随现代化技术和产业的涌现，规模经济越来越大，电力、道路等基础设施的需求越来越多，金融投资数额和风险也越来越大，催生了现代金融、现代法律等。所以，现代经济增长是一个结构不断变化的过程，这个结构既包括影响生产力水平的技术和产业结构，又包括道路、电力、港口、通信等硬的基础设施和法律，以及金融等各种软的制度安排。所以，收入水平不断提升是现代经济增长的本质，能够实现靠的是技术、产业、硬的基础设施和软的制度安排等结构的不断变迁。要进一步思考的是，这些结构及其变迁又是由什么因素决定的？

新结构经济学在了解了现代经济增长的本质以后，采用现代经济学的方法来研究现代经济增长的决定因素，也即结构不断变迁的决定因素是什么，背后的推动力是什么。按照现代经济学的命名方式，这一理论应该称为"结构经济学"，但由于发展经济学的第一代是结构主义，为了区分，我称之为"新结构经济学"。这种命名方式也有先例，20世纪60年代，诺斯倡导用现代经济学的方法研究制度和制度变迁，本应叫制度经济学，但19世纪末至20世纪初美国有一个制度学派，诺斯为了区分，称自己的研究为"新制度经济学"。新结构经济学的"新"也是这个含义。

新结构经济学的理论基础是，不同发展程度的国家，每个时点给定但随时间的推移可以变化的要素禀赋及其结构和由其决定的比较优势不同，只有按照要素禀赋结构所决定的比较优势来选择产业，才能有最低的要素生产成本，如果再有合适的硬的基础设施和软的制度安排与之配套，交易成本就会很低，因而能够把比较优势变成竞争优势。

发达国家资本相对丰富、劳动力相对短缺、收入水平高，这样的结构决定了它们发展资本和技术高度密集的现代产业有比较优势。发展中国家因为收入水平低、资本短缺，有比较优势的产业一般都是劳动力或资源很密集的产业。

新结构经济学中还有一个非常重要的微观基础——企业自生能力。什么样的企业才有自生能力？一个有正常管理的企业，如果在开放竞争的市场中不需要政府保护补贴就能获得社会上所能接受的利润率，就有自生能力。如果企业管理没问题，那么在什么条件下才有自生能力？前提是所在的产业符合本国的比较优势，并且本国有合适的硬的基础设施和软的制度安排配套。相反，违反比较优势的企业就不会有自生能力，因为要素成本太高，在开放的市场中往往竞争不过符合比较优势的产业和企业，也就不能获得社会可以接受的利润率。

发展经济学要研究和解决的本质问题，就是如何能使一国的收入水平不断提高，增加财富，从而实现民富国强。对此，新结构经济学的逻辑很清楚：要提高收入水平，必须提高产业技术水平，产业技术水平内生于要素禀赋结构。因此，要想从劳动生产率水平低的劳动密集型产业或资源密集型产业进入收入和技术水平更高的资本密集型产业或技术密集型产业，前提条件是改变要素禀赋结构，要从资源或劳动力比较多、资本相对短缺的状态变成资本比较多、劳动力或者资源比较少的禀赋状态。如此才能改变比较优势，进而改变产业结构，提升收入水平。

同样的道理，在要素禀赋结构和比较优势不断改变的同时，还必须相应地完善硬的基础设施和软的制度安排，从而降低交易成本，使要素成本优势最终变成总成本优势，也就是开放市场中的竞争优势，形成国际竞争力。

这是新结构经济学的切入点。据此分析，一个国家要发展，要想实现民富国强，就要提升产业结构和技术结构，但是要想提升产业结构和技术结构，必须先改变要素禀赋结构，而最好的改变之策，就是在每个时点上都根据要素禀赋所决定的比较优势来选择产业和技术，这是发展经济最好的方式。这样做，要素生产成本最低，如果有合适的硬的基础设施和软的制度安排配套，市场交易成本也会最低，就会有最强的竞争力。有最强的竞争力就能抢占最大的市场，创造最多的剩余。资本来自剩余积累，有最多的剩余就能有更多的资本积累，而且，按照比较优势进行投资，资本的回报率也会最高，资本积累的意愿也会最大，因此资本禀赋可以增加得最快，这将逐渐让资本从相对短缺变成相对丰富。

发展中国家按照比较优势发展还有一个好处，就是产业和技术的升级可以通过引进实现，从而降低创新成本和风险。毕竟，发达国家的产业和技术处于世界最前沿，技术创新和产业升级都必须靠自主发明，而发展中国家如果能借力引进，技术创新、产业升级的成本和风险就会比发达国家低，相同的周期内就可以比发达国家走得更快，从而实现对发达国家的追赶。

有效的市场与有为的政府

按照要素禀赋结构决定的比较优势来发展，这是经济学家的语言，怎么让企业家自发地遵循新结构经济学的这种思路来做产业和技术选择呢？这就必须有合适的制度安排。

企业家的主要目标之一是追求利润，要想让企业家追求利润时的选择与整个社会的最佳选择一致，就要有一套能反映要素相对稀缺性的价格体系。举例来说，当资本相对较少的时候，资本就应该贵一些；劳动力或者资源相对较多的时候，劳动力、资源的价格就应该低一些。企业家为了实现利润最大化，往往会选择进入多用廉价劳动力和资源、少用昂贵资本的产业，并采取相应的技术来生产。如果有这样的相对价格体系，当资本变得相对丰富、相对便宜，劳动力和自然资源变得相对短缺、昂贵时，企业家就会选择进入资本相对密集的产业，用资本相对密集的技术来生产。

只有在开放竞争的市场中，要素的相对价格才能反映各种要素的相对稀缺性，因此要想让企业家自发地按照要素禀赋结构决定的比较优势来发展产业、选择技术，前提就是必须有一个充分竞争的市场。

市场很重要，但只有市场是不是就够了？政府要不要发挥作用？

我们知道，经济发展不是资源的静态配置。如果按照比较优势发展，资本会积累得很快，要素禀赋、比较优势也都会快速变化，要不断从劳动密集型产业往资本密集型产业升级。在升级过程中，除了有愿意冒风险的企业家，也必须有政府能给他提供激励补偿，以及新产业所需要的硬的配套基础设施，以及金融、人力资本、法律等各种软的与时俱进的制度安排。如果没有政府基于科学认知的有为，即便有企业家愿意冒风险，主动做产业升级，但交易成本可能太高，导致要素禀赋优势无法真正变成市场中的竞争优势。因此，创新企业家的成功还必须有一个因势利导的有为政府。

理论只是一套逻辑，是否可接受还要经受真实世界经验的检验。2008年，由2001年诺贝尔经济学奖获得者迈克尔·斯宾塞所主持的增长委员会研究了二战后200多个经济体中的13个成功的发展中经济体。这些经济体都实现了年均7%或更快的增长，并且维持了25年及以上。这13个经济体有5个共同特征：第一是开放经济，第二是宏观相对稳定，第三是高储蓄、高投资，第四是市场经济，第五是有一个积极有为的政府。

这份报告引起很多关注，迈克尔·斯宾塞也被非洲、亚洲的许多发展中国家的领导人邀请做报告、提供咨询。这些领导人问他，根据这项研究，到底有没有一个药方，照做就能成功。迈克尔·斯宾塞回答，这5个成功的特征只是药材，但没有药方。我们知道，如果只有药材，没有药方，并不能治病，药量不对，补药可能变成毒药。

其实，新结构经济学提出的按照要素禀赋结构所决定的比较优势发展经济，就是药方。因为按照新结构经济学的建议，经济发展成功有两个制度前提，一个是有效的市场，一个是有为的政府，这就是增长委员会总结出来的第四和第五个特征。其余三个则是按照比较优势发展的结果，因为按照比较优势发展，必然是符合比较优势的产品多生产并出口，不符合比较优势的不生产或少生产并进口，所以会是一个开放经济。同时，按照比较优势发展的企业有自生能力，整个经济有竞争力，宏观上自然比较稳定。如果按照比较优势发展，如前所述，会有最多的剩余，投资回报率也会最高，自然会有高储蓄和高投资回报率。因此，新结构经济学的发展思路，与二战以后成功经济体背后的追赶之道完全吻合。

前两代发展经济学理论为什么逻辑上听起来很有力，但照做都会失败？对此，新结构经济学也能给出解释。

结构主义没有认识到，一个国家的产业结构内生于其要素禀赋结构，不同发展程度的国家，其产业结构的差异也是内生的，是由要素禀赋的差异决定的。发展中国家普遍缺资本，发展资本密集的产业就违反比较优势，企业没有自生能力，只能靠政府的保护补贴维持生存。而且，政府的保护补贴会带来各种干预和扭曲，即使能够把产业建立起来，也会造成资源错配和寻租腐败。

新自由主义或者说"华盛顿共识"得到了那么多知名经济学家的支持，为什么也在现实中遭遇失败？原因在于没有认识到保护补贴也是内生的，内生于违反比较优势的产业中缺乏自生能力的企业的需要，而主张一步到位实现市场化、私有化、宏观稳定化。首先，资本密集的产业雇了很多人，大都还在城市，如果一下子取消补贴，企业垮台会造成大量失业，影响社会政治稳定；其次，很多产业涉及国防安全和国计民生，比如电力、电信，如果把保护补贴取消掉，不仅会造成企业垮台，国家也将失去安全保障，经济社会难以持续运转。不仅如此，即使私有化，企业索要的保护补贴不仅不会减少，反而会增加，效率也会更低，寻租腐败会更厉害。同时，他们还反对政府针对新的符合比较优势的产业给予因势利导的支持，于是，旧的产业没有自生能力，新的产业又无法出现，国家反而出现去工业化的情形。

　　少数取得成功的东亚经济体，采取的是当时被新自由主义称为最糟糕的发展模式，但恰恰是按照比较优势发展而取得了成功。中国的渐进双轨制转型被新自由主义认为是最糟糕的转型方式，但也取得了成功。道理很清楚：继续给那些没有自生能力的企业必要的保护补贴，可以维持宏观稳定；同时对符合比较优势的产业放开准入，政府积极因势利导，并建设经济特区、改善营商环境等突破硬的基础设施和软的制度安排的瓶颈，使符合比较优势的产业能马上获得竞争优势，从而稳定快速地发展，并不断积累资本，使原来违反比较优势的产业逐步因为要素禀赋改善而变得符合比较优势，原来的保护补贴也逐步从"雪中送炭"变成"锦上添花"，可以一步步去除。中国改革开放30多年以后的党的十八届三中全会提出"使市场在资源配置中起决定性作用"，潜台词就是已经可以把渐进双轨时期的很多保护补贴取消掉。

　　新结构经济学的分析方式与马克思主义的唯物辩证法和历史唯物主义也一脉相承。

　　新结构经济学秉承了唯物辩证法以每个时点给定但随时间的推移可以变化的要素禀赋这一物质存在，以其作为分析经济结构的切入点和出发点，研究经济发展、结构变迁的规律。

历史唯物主义主张，经济基础决定上层建筑，上层建筑反作用于经济基础。经济基础包括生产力水平以及和其相适应的生产关系。在现代经济中，生产力水平由产业决定，资本密集的产业生产力水平比较高，传统的劳动密集型或者自然资源密集型的产业，生产力水平比较低。选择什么样的产业由要素禀赋决定，要素禀赋是一个物质存在，决定了具有比较优势的产业，也就决定了生产力水平，以及由生产力水平决定的工资水平和劳资关系等生产关系。不同产业的规模、风险特性不同，决定了合适的基础设施和上层制度安排不一样。此外，上层制度安排合适与否，也会反过来影响生产力水平的发挥和演进。

可以说，新结构经济学是辩证唯物主义和历史唯物主义这一马克思主义世界观、认识论和方法论在现代经济学的运用，同时也拓展了历史唯物主义的分析方式。

按新结构经济学发展的成功案例

按照新结构经济学思路去发展的结果如何？我介绍几个成功的案例。

第一个案例是新疆和田地区。那里是中国最贫穷落后的地区之一，有 7 县 1 市在 2015 年都属于深度贫困地区，当年该地区人均 GDP 为 1 万元左右，而当时全国人均 GDP 已经达到了 5 万元，该地区比越南和柬埔寨还贫困。当时和田地区有 250 万人口，80% 以上以农业劳动为主，参与工业劳动的只占 5.3%，且还有六十几万剩余的年轻劳动力。

2015年我去给他们出谋划策，人多、地少、收入水平低，代表当地的比较优势是劳动密集型产业。改革开放初期，和田和东部的工资差距很小，和田地处内陆，交易成本中的交通成本太高，所以发展加工业不可行。到2015年，条件发生了变化，和田面临的机遇，一是当地劳动力工资水平是中国东部地区的1/4~1/3；二是西部大开发使当地的交通基础设施日趋完善，特别是"一带一路"建设使和田从后方变成了前沿。

如何抓住这些机遇？新结构经济学倡导政府要发挥积极有为的作用。我建议和田像当年东部地区一样，设立工业园招商引资，把适合当地的产业发展起来。当地政府按照这个思路，创造了十几万个制造业就业岗位。制造业创造一个就业的乘数效应是3~5，目前和田已经开始出现劳动力紧张的情况了。过去当地劳动力到外地去就业，现在基本是在本地就业。新结构经济学的思路在全国脱贫攻坚最艰难的和田地区实践成功了。

第二个案例是埃塞俄比亚。它是世界上最贫穷的国家之一，人均GDP在2010年之前排在非洲倒数第三位。埃塞俄比亚的情况同样是劳动力多且便宜。劳动密集型的加工业在埃塞俄比亚发展不起来，也是因为缺少完善的基础设施和好的技术。我对此做了研究，并在2011年3月将研究报告递交给了埃塞俄比亚时任总理梅莱斯·泽纳维，向他介绍了中国招商引资的经验。

梅莱斯总理在2011年8月出访中国，开始尝试在深圳招商，邀请当时国内的制鞋龙头企业华坚到埃塞俄比亚参观考察。华坚的老板张华荣当年10月就去了埃塞俄比亚，看到当地的人工工资只有国内的1/10，可以帮助大幅降低企业的工资成本，而当地的劳动生产率可以达到国内的70%左右，在产出率不变的情况下，工资成本能总体降低15%以上。当地供应链不好，如果把各种生产零部件从东莞运到埃塞俄比亚，物流成本从2%将翻一番增加到4%，总的算起来把工厂建在埃塞俄比亚，至少还有10%的利润，而10%的利润对加工制造业而言已经很高了。

华坚当即决定去埃塞俄比亚投资建厂，并招了86名当地工人来国内培训。2013年1月开工生产，5月，华坚已经成为埃塞俄比亚最大的出口企业，并在当年年底把埃塞俄比亚的制造业出口总量翻了一番。目前，华坚位于埃塞俄比亚亚的斯亚贝巴地区的两家大型工厂雇用了8 000名当地工人，可以说为非洲创造了奇迹。

第三个案例是卢旺达。埃塞俄比亚的成功促使卢旺达也来向我们取经。2013年9月，卢旺达总统通过大使馆联系我，当时我正好在乌兹别克斯坦，但卢旺达总统非常有诚意，专门在北京多待了两天等我，让我很感动。我向他建议，因为卢旺达比埃塞俄比亚更加地处内陆，所以应该发展更轻的产品。不久，当地开始设立工业园，招商引资。目前卢旺达首都的成衣厂雇工已达2 000人，成了这个国家除了军队、警察、政府官员外最大的就业行业，而且这家工厂成功后还带动了其他成衣厂的发展。

第四个例子是波兰，东欧第一个转型国家。它从1989年开始按照新自由主义发展，由于缺少政府对新产业的因势利导，该国从1989年到2015年出现了严重的失业问题，导致政局不稳定。2015年10月，新上台的法律工作党政府宣布制订国家发展计划，舆论怀疑其是否打算回到计划经济。当时负责这个工作的副总理兼财政部长、发展部长在报纸上撰文称："我们不是回到计划经济，我们是使用林毅夫教授提出的新结构经济学来制定产业政策。"他在2016年提出了上述计划。2017年，波兰的人口占欧盟的10%左右，但当年欧盟70%的新增就业都来自波兰。这位波兰副总理也因此于2018年升任总理。这也是近代以来中国提出的理论首次变成外国政府经济政策的指导原则。

把中国发展潜力变成现实

今天和大家讲这么多，总结起来就是，百年未有之大变局主要是中国快速发展引起的，中国的快速发展使经济规模不断壮大，中国的经济总量按汇率计算也将在不久后超过美国，导致整个世界格局发生重大变化。如果没有中国的快速发展，那么今天主导世界的还会是那8个工业化国家。未来一段时间，中美之间的紧张关系在所难免，只有中国继续维持快速发展，才能迎来一个稳定、和平的世界新格局。

中国未来还能不能维持快速发展？从新结构经济学来看，要把潜力变成现实，需要有好的政策思路。新结构经济学提供了一个思路：只要把中国未来的比较优势继续利用好，并不断解决发展过程中遇到的问题，坚持市场化的改革方向和对外开放，继续建设好有效的市场，同时发挥政府的有为作用，完善硬的基础设施和软的制度安排，中国一定会实现民族复兴。

按照新结构经济学的思路，不仅中国有希望继续保持良好的发展，其他发展中国家也可以取得和中国一样的成功，这用传统的话来说是实现"大同世界"，用现在的话来说是构建"共享繁荣的人类命运共同体"。

新结构经济学大道上后来者注意事项[①]

我特别高兴看到大家积极参加了4天安排密集的首届新结构经济学冬令营，下面由我来做个总结。总结其实是很难做的，因为这4天时间里讨论的东西非常丰富，每个人心里也都会有各自的心得体会和总结。我借此机会来谈谈我对新结构经济学的几点思考，供大家参考。

新结构经济学的内涵

我首先回答一个问题：是不是在研究当中放进了结构就是新结构经济学？对这个问题，我的回答是："不是"。因为我对新结构经济学有一个明确的定义，就是用新古典经济学的方法来研究在经济发展过程当中结构和结构演变的决定因素（包括影响劳动

[①] 本文根据林毅夫在新结构经济学第一届冬令营（2015年12月16-19日）上的会议总结整理。

生产力的产业和技术结构,以及影响交易费用的基础设施和制度安排结构),并通过这些研究来理解发展中国家的经济怎样才能得到更好的发展。只有这样的研究才叫新结构经济学。如果一个研究不是研究结构是怎么决定的,是怎么演变的,也就是没有把结构内生化,即使在模型中放进结构,也用新古典的方法来研究结构可能产生的影响,这样的研究也不是新结构经济学。以第一代的发展经济学——结构主义为例,在其理论中,发展中国家的产业结构跟发达国家的产业结构也不一样,但是在模型中结构没有内生化,只是被当作外生给定的,所以,结构主义的理论模型中虽然有发达国家和发展中国家结构的差异,但是,这样的理论分析也不是新结构经济学的分析。同样,即使在新近的经济学文献中,也可能有些论文以新古典的方法来研究发达国家和发展中国家的结构差异所产生的影响,但只要结构是外生给定的,没有内生化,就不算是新结构经济学的研究。我再强调一下,新结构经济学的研究必须把结构内生化,也必须把结构的演化内生化。所谓内生,指的是一个变量是模型中各个决策者选择的结果,而不是决策者做选择时不可改变的参数。当然这个定义是比较窄的,但是我采取这样的定义是有目的的。这是第一点。

新结构经济学以要素禀赋及其结构作为研究的切入点

第二点思考,在现代的经济学文献里当然也有学者以新古典的方法来研究结构的内生化,比如有些经济学家用家庭偏好来推导出产业结构随着收入的提高而内生变化,但新结构经济学强调的是用要素禀赋及其结构来内生产业结构及其变化。为什么要用要素禀赋结构来内生产业结构及其变化?因为我们研究的是发展经济学,不仅要研究结构如何内生决定和演化,还要由此研究内生收入水平的变化。要达到这个目的,从家庭偏好则做不到,它可以说明由于收入水平变化,家庭的需求会不同,内生出产业结构的差异,但收入的变化则被外生给定,同时,在开放的经济中产品可以贸易,那就没有办法决定随着收入增加产业结构如何演变。

以要素禀赋及其结构作为切入点来内生化产业结构,并且由此推动结构的变迁是一个比较好的方式。为什么呢?原因是发达国家的要素禀赋结构和发展中国家的要素禀赋结构差异是明显的,而且在每一个时点上是给定的。我们做任何研究分析,必须以一个给定的参数作为切入点,才能去内生那个时点的其他变量。如果这个参数本身对各个决策者来说不是给定、不可改变的,那就不能作为切入点来内生出其他变量。每一个时点的要素禀赋是一个总量的概念,做决策的人不管是政府、企业还是家庭,都只能将其作为给定的参数,无法进行改变。

有人提出,是不是国际资本可以流动以后,要素禀赋给定这个假定就被推翻掉了?我认为不能推翻。虽然发达国家的资本可能往发展中国家流动,但绝对不会流动到使发达国家的人均资本和发展中国家的人均资本一样多的程度。发达国家的资本一定是有人拥有的,在配置资源上的目的是使回报最大化。如果资本流到发展中国家来,怎么样能实现回报的最大化?发达国家的资本一定会流向发展中国家具有比较优势的产业，也就是劳动密集型的产业。所以，即便发达国家的资本拥有者愿意让资本流动到发展中国家，也不会让发展中国家的人均资本和发达国家的一样多，因为这是违反理性的。我知道现在有很多模型假定了国际资本可以流动以后，人均资本就不重要了，可是这样的假定本身就违反了新古典经济学最基本的理性原则。实际上，即使国际资本可以在国际上流动，相对于发展中国家的禀赋来说，这也是可以忽略的，因为这是不可能改变发展中国家和发达国家禀赋结构差异的本质特性的。就像伽利略为了验证重力加速度，在比萨斜塔做实验的时候假定没有空气阻力，相对于他做实验时所用铅球的质量密度和塔顶到地面的距离而言，空气阻力所产生的效果是可以忽略不计的。我们现在从一个国家的要素禀赋及其结构出发，来研究产业技术选择，即使有国际资本的流动，也不会从根本上改变不同发展程度的国家要素禀赋结构的不同。所以，在研究产业结构时，国际资本流动对产业结构的影响可以予以舍弃，不用考虑。

此外，理论的目的是认识世界和改造世界，我们研究的是发展，很需要这个被作为分析切入点的参数。它在每一个时点上是给定的，但是随时间是可以变化的，如果不能变化，那么即使这个变量对所要解释的现象非常重要，对于改变世界来说，决策者也将是无能为力的。例如，在研究拉丁美洲和北美的发展绩效差异时，达龙·阿西莫格鲁的理论切入点是，四五百年前，欧洲对美洲开始殖民，拉丁美洲天气炎热，去那里的白种人死亡率很高,白人在那里活下来的概率非常小,所以在殖民开始的时候就要大量掠夺,形成了掠夺性的制度安排。北美天气较温和,到那里的白种人大多活了下来,在那里工作,慢慢形成了社区性的、相互帮助的、权利界定清楚的制度安排。他写了一个很严谨的理论模型把制度内生化并作了实证检验,好像很有说服力。假定他是对的,拉丁美洲的人就永远没希望了。因为现在没有一个时光机器可以倒回到400年前,而且还要说服上天把拉美的天气改一改。

新结构经济学以要素禀赋结构作为切入点来分析,因为要素禀赋及其结构在每个时点上,对一个经济体所有的决策者,不管是家庭、企业,还是政府来说,都是给定且不能变化的,但是,随着时间变化,资本是可以积累的,劳动力随着人口的增长也是可以变动的,这就让我们有了一个抓手来改变禀赋及其结构。

要素禀赋及其结构是新古典经济分析的最基本参数

第三点思考,以要素禀赋及其结构作为分析的切入点,不仅是因为要素禀赋及其结构在每一个时点上给定,随着时间可以变化,而且是因为此两者是经济分析中最根本的参数。经济学家分析经济问题时,无非是从收入(预算)效应和替代(相对价格)效应来分析决策者的选择。张五常先生常说他研究问题时只考虑替代效应,也就是相对价格效应。这是因为他研究的不是经济动态发展的问题,所以,他在分析经济现象时只要看替代效应就可以了。我们研究的则是经济动态发展的问题，除了替代（相对价格）效应，有时还要看收入（预算）效应。其实，除了做统计学或是经济计量之类的方法论研究，所有经济学家所提出的理论即使再复杂，到最后不是讲收入效应，就是讲替代效应如何影响决策者的选择。要素禀赋在每个时点上决定一个国家在这个时点上可支配的资本、劳动力和自然资源的总量，也就是这个国家在这个时点的总预算。在每个时点上，要素禀赋的结构由各个要素在那个时点的相对稀缺性决定，这个相对稀缺性就决定了各个要素的相对价格（在一般均衡模型中，还需要考虑生产技术和家庭需求的特性）。所以，要素禀赋及其结构是新古典分析中的两个最基本的参数。

新结构经济学继承和发展了新古典和马克思主义经济学

我想说明的第四点是新结构经济学借鉴了新古典经济学的分析方法，其思想来源则是马克思主义经济学。马克思主义强调经济基础决定上层建筑，上层建筑如果不适应经济基础也会反作用于经济基础。什么是经济基础？马克思主义指的是生产的方法和方式，也就是产业的技术、资本、规模、风险等产业结构的内涵。马克思以生产方法、方式为经济基础来研究制度结构等一系列上层建筑的决定和变化，但是生产方法和方式及其变化是怎么决定的？在马克思主义经济学中，这些是外生给定的，没有解释生产方法、方式的决定和变化的机制是什么，在新结构经济学中则内生决定于要素禀赋及其结构的变化。也就是说，新结构经济学是以比经济基础更基础的要素禀赋及其结构作为切入点把生产方法、方式及其上层建筑都内生化了的。所以新结构经济学既继承了新古典经济学，也继承了马克思主义经济学；既发展了新古典经济学，也发展了马克思主义经济学。

把结构内生化的重要性

为什么把结构内生化很重要？因为如果不把结构内生化，那么一个理论模型即便再漂亮，也不能真正解释经济发展现象背后的因果机制，还经常会误导改变世界的努力。回到结构主义的例子，把发达国家和发展中国家产业结构的差异当作外生给定，那么，就会试图用重工业优先发展或进口替代的方式直接在发展中国家采用发达国家的产业结构。同样，新自由主义把发达国家和发展中国家的制度差异当作外生给定，所以，也就会用"休克疗法"的方式要发展中国家直接去采用发达国家的制度安排，结果是好心没有好的结果。另外，像解释卢卡斯谜题一样，如果在模型中没有将产业结构内生化，而是把发达国家和发展中国家的产业结构直接当作外生给定，发达国家的产业资本密集度高，所需要的资本多，发展中国家产业的资本密集度低，所需要的资本少，随着发展中国家的资本积累，资本就注定会流到发达国家去。根据这种模型，除非发展中国家改为采用和发达国家一样的资本密集型产业，否则发展中国家永远赶不上发达国家。不过，如果真按照这种模型来做，结果将和原来的结构主义政策一样。其实这样的模型并没有真正解释发展中国家资本流动的现象。实际上，发展好的发展中国家，不仅没有资本外逃，而且有资本流入。只有发展得不好的国家，资本才会流出到发达国家。原因是发展好的国家，随着资本积累，产业结构不断升级到新的具有比较优势的资本更为密集的产业，资本的回报高，资本就不会外逃。如果按照结构主义去进行赶超，资本被配置到不符合比较优势的产业，就会有许多扭曲，创造了扭曲的租金和寻租的机会，寻租的不法所得就会有外逃的积极性。把产业结构内生化，才能解释在什么情况下一个发展中国家资本会流入，在什么状况下资本会外逃。

一个理论只有在根据这个理论的逻辑所做的所有推论都不被经验事实所证伪时，才能暂时被接受，经不起这个考验的理论通常是因为这个理论把内生的现象外生化。经济学家容易做出好心干坏事的事来，一般是因为忘了所要改变的现象是内生的。

内生化应该以最根本的决定因素作为内生化的起点

另外，要内生化就要从最根本的决定因素出发，不要把由这个最根本因素所决定的果的中间变量作为出发点。从禅宗的语言来说，就是要从第一义出发来观察现象，而不要从第二义、第三义出发来观察现象。在现实世界中，一个最根本的因会产生果，这个果又会变成因，产生下一个层次的果，这个果又会变成因去产生下下个层次的果，如此因因果果生生不息。如果不是从最根本的因出发来观察世界，而是从中间的果作为因出发来观察世界，似乎也能解释现象，但是按这种理论的政策建议来做的结果经常会事与愿违。例如，在20世纪80年代发展中国家进行经济转型前，经济效率很低，政府对市场有许多干预和扭曲，不难构建一个理论模型来说明这些干预扭曲会导致资源错误配置和寻租行为以致经济效率低，新自由主义就是根据这样的模型建议转型中国家按"华盛顿共识"把各种干预扭曲以"休克疗法"的方式取消掉。但是，这样的模型忽略了转型前政府的干预扭曲是政府违反比较优势，出于保护补贴在赶超产业中缺乏自生能力的企业的需要而内生的制度安排，推行这种忽略扭曲内生性的转型方式的结果是经济的崩溃、停滞和危机不断。

然而，从最根本的决定因素出发来观察社会经济现象所构建的理论就能够逻辑自洽地解释最多现象。比如在《中国的奇迹》一书中，我以中国转型前的要素禀赋结构作为切入点讨论了中国转型前后的各种制度安排和政策措施的形成及其效果，探讨的问题很多，我自信整本书的逻辑是一以贯之的。2007年的马歇尔讲座，我以同样的切入点把观察的范畴扩大到整个发展中国家二战以后60年的发展成败，探讨的问题更多，整个逻辑也是一以贯之的。我不仅讨论了各种扭曲及其效果，如何转型才能达到稳定和快速发展，同时还讨论了市场的作用、政府的作用、产业政策的作用，以及最优金融结构、教育结构、潮涌现象，等等。每一个现象都可以写一个很严谨的数理模型，并且这些模型到最后都是可以加总的、内部逻辑自洽的，因为这些模型都是以同一个最根本的因作为出发点，所以能够形成一个逻辑自洽的理论体系。

要素禀赋及其结构内生决定了经济基础，后者又内生决定了上层建筑，遗憾的是，现在的主流经济学理论里，除了研究国际贸易的人在20世纪六七十年代的赫克歇尔—俄林模型里还从要素禀赋结构来解释国际贸易的产生和流向，其他的理论包括宏观经济学、金融经济学、劳动经济学等，都没有结构的概念，不区分发达国家和发展中国家。即使是到了20世纪80年代，国际贸易理论转向以专业化来解释国际贸易以后，也忽视了要素禀赋及其结构的重要性。例如，现在的国际贸易以异质性企业来解释贸易的产生。不管在哪种发展程度，每一个产业中确实都有企业异质性的现象，其中只有比较好的企业才会出口，这个我同意。但是，在一个资本相对短缺的发展中国家的资本很密集的产业里，不管企业如何优秀，也没有可能对资本相对丰富的发达国家出口资本很密集的产品，发达国家和发展中国家的国际贸易实际上还是决定于禀赋结构的。保罗·克鲁格曼提出的专业化也是这样。其实克鲁格曼自己说得很清楚，专业化谈的是同一个发展程度的国家之间的贸易，不同发展程度的国家之间的贸易还是必须用赫克歇尔—俄林的理论来解释。我们研究的是发展中国家怎么逐步地趋向发达国家，需要了解发展国家的产业结构怎样决定和演进，怎样逐渐地变成发达国家。以要素禀赋及其结构作为切入点来研究最有说服力，而且，这个切入点可以逻辑一贯地解释最多的现象。

现代的主流经济学界由于忽视了不同发展程度的国家的产业技术和作为其上层建筑的各种结构的差异，导致按主流经济学来做政策的发展中国家没有一个成功的，我希望经由新结构经济学的努力，能把不同发展程度国家的结构差异性引进主流经济学各个子领域的理论模型中，这样不仅发展了主流经济学，而且，能够使现代经济学真正可以帮助我们认识世界，真正帮助我们改造世界。

新结构经济学未来努力的方向

那么从目前来讲，有志于从事新结构经济学研究的朋友们所要努力的方向是什么？我想主要有两个方面的工作：一个是把新结构经济学体系中的各种理论数理模型化，另一个是用数据来检验各个数理模型的推论。张乾在之前的报告中说过，一个理论只要逻辑清晰，就应该可以数理模型化。新结构经济学对各种问题、现象的分析，在逻辑上是清晰的，所以应该可以模型化，无非是有没有找到好的数学形式罢了。当然，我们要将结构引进经济学的数理模型并将其内生化，确实是不容易的。

我同意我跟王勇和鞠建东老师写的这篇论文并不完美，模型中做了很多特殊假定。但就目前来说，其可以作为新结构经济学的一个基本模型。因为至少它表达了新结构经济学最核心的观点，即不同发展程度的国家有不同的产业结构，一国在某一特定时点的产业结构是由该国在那一时点的要素禀赋结构决定的，产业结构的变化是由要素禀赋结构的变化来推动的。这个模型基本上是马歇尔的体系，即假定是信息完全的、不存在摩擦的完美世界。如果把信息不完全、有摩擦等引进来，就可以讨论政府、产业政策等在产业升级中的作用；如果再引进家庭进行储蓄提供资金，企业进行投资提供回报，以及风险和信息不对称等，就可以讨论金融的作用，等等。所以我觉得这篇文章的模型可以作为一个新结构经济学的基本模型，在此基础上来模型化新结构经济学讨论的其他问题。

但是，我觉得我们的"野心"也可以大一点儿。我跟付才辉和陶勇讨论过，可以在阿罗-德布鲁一般均衡体系里引进要素禀赋结构以及产业和其他结构，并让产业和其他结构的决定和变化内生于要素禀赋的结构及其变化，使没有结构的阿罗-德布鲁体系成为这个更为一般的均衡体系的一个特例。我知道要引进结构并将其内生化很难。但是，阿罗当初要把从亚当·斯密到马歇尔发展起来的新古典体系用数学很简洁地表示出来也是很难的，所以他找了数学家德布鲁和他合作，虽然阿罗自己的数学也非常好。他们对从亚当·斯密到马歇尔体系的整个体系、整个机制都很了解，然后他们找了一个合适的数学形式把这个体系、机制表示出来。阿罗-德布鲁一般均衡体系的一个最大的问题是没有结构，我们现在认为经济发展的表层现象是收入水平的不断提高，表层之下则是决定劳动生产率水平的产业技术结构和决定交易费用的基础设施、制度安排结构的不断变迁，而不同发展程度国家的产业、技术、基础设施和制度结构及其演变则是由要素禀赋及其结构的差异和变化所决定的，要素禀赋结构的变化又是由家庭的生育选择所决定的劳动力增减和家庭的消费和储蓄选择所决定的资本积累的相对速度所推动的。

目前，我们还没有一个在一般条件之下的新结构经济学的一般均衡模型，我们能暂时接受发表在《数理经济学杂志》上的这篇有很多特殊假定的模型作为基本模型，但是，最后的目标是要把这些有特殊假定的约束都放松掉。我同意张乾讲的，只要思路清楚，一定可以用数学模型表示出来，无非就是还不知道哪个数学方式合适。既然如此，我们就要有意识地去寻找。当年卢卡斯推动理性预期革命时就是这样。他发现凯恩斯主义的理论不能解释滞胀的现象，他对这个现象产生的原因和机制有了新的认识，必须有一个新的数学方式才能表示出来，他就去找，最后找到了贝尔曼方程。同样的道理，我们现在知道研究发展问题，结构非常重要，而且结构的决定因素和演化必须由要素禀赋结构来决定和推动，那用什么样的数学方式能够表述出来呢？目前的微积分达不到这个目标。陶勇提出的泛函能否达到这个目标？努力看看再说。在这一点上，我同意付才辉和陶勇说的，困难是不可避免的，但万一成功了呢？而且，若泛函不行我们就再找另外一种数学方式。既然逻辑这么清楚，一定能用数学模型表达出来。对此我们一定要有信心。

但是，努力必须有长远目标和短期目标。长远的目标到最后，当然是使阿罗-德布鲁体系变成我们提出的新的一般均衡体系的一个特例——不是推翻。在这个体系中，我们可以把不同发展程度国家的每个发展阶段的结构特征都表示出来。这个目标不是一年两年的功夫可以实现的，单单发表在《数理经济学杂志》上的这篇文章就用了六七年时间，也许要六七十年以后才能做成。虽然你们现在都还年轻，但六七十年以后呢？在这种状况下，我接受鞠建东老师的建议，每年应该先有5～10篇使用模型有特殊假定的理论文章和实证研究文章在杂志上发表。这是我们大家共同努力的目标。文章不用追求完美，只要逻辑上没有漏洞，即使有特殊假定也没关系。这个认识是我在芝加哥大学学习时，我的导师舒尔茨教授跟我说的。他说，如果你要等到一篇文章达到完美再发表，那么可能一篇也发表不了。这是他在已经拿到诺贝尔奖后讲的话。我的意思是，我们要尽力去做，有特殊假定没有关系，有时即使犯错误也没有关系，要知道有几位拿到诺贝尔奖的经济学家，后来发现使其拿到诺贝尔奖的文章的数学是有问题的。例如，詹姆斯·莫里斯就是这样。但这不影响他们的贡献，因为经济学理论最主要的贡献是提供新的观点，只要观点是对的、重要的，即使所用的数学有点儿问题，后来的学者也可以改进，但是当大家都不知道那个观点时，你先把那个观点提出来就是一个很大的贡献。

新结构经济学研究中心的工作

现在新结构经济学研究中心成立了。中心的任务是什么？徐佳君老师有很多好的构想。我在此说明一下我的想法，新结构经济研究中心将是一个平台，这个平台将用来推动新结构经济学理论模型的构建，这个中心会有几位核心的、在中心工作的教授和研究人员，但是希望能搭建一个网络来联系志同道合者，推动大家一起进行合作研究。大家可以经常在中心开会，经常来中心交流、辩论。这是第一点。

第二点，这个中心应该收集尽量多的数据，以支持大家做实证检验。目前的学术规范要求在理论模型的文章里，必须至少用经验数据把特征事实描述得很清楚。一个理论模型应该有很多可检验的推论，有了数据就可以做实证检验。现在学术期刊上发表的绝大多数是实证检验的文章，而不是数理模型的文章。

新结构经济学中心还肩负推广新结构经济学应用的任务。我深受王阳明的影响，一向是一个行动主义者："知为行之始，行为知之成。"如果认为倡导的这个理论是对的，我们就要将之付诸行动，而且，行动产生的结果必须是和行动前的预期一样，才能说这个理论是正确的。现在徐佳君和付才辉都在努力，运用这些理论去帮助地方政府、帮助我们国家、帮助其他发展中国家做政策，来看按照新结构经济学的理论框架所了解的结构及其变迁是由什么因素决定的，政府、企业、市场应该扮演什么角色来助推结构变迁、经济发展。如果我们能够做出结果来展示给社会看，就可以让更多人关注和接受新结构经济学，同时，这也是我们从事新结构经济学研究所要达到的目的，也就是认识世界和改造世界。如果一个理论不能改造世界，那么通常是因为提出这个理论的学者并没有真正认识世界，这样的理论模型只是逻辑游戏。新结构经济学研究中心希望成为一个实践的平台，在能力许可范围内，尽力和大家一起合作来推动实践。

这几天有人跟我提到成立一个学会，出一本新的杂志。这些是应该努力实现的目标。但是，我觉得在这个阶段，可能比较好的还是按照华秀萍教授的意见：不是一下子自己出一本杂志，封闭性地进行内部讨论，而是应该打出去。我们要两条腿走路，一方面，我们每年选一些主题，开一些研讨会，找一些国际上有影响力的杂志来出专刊。我发现，学界里面看专刊的人比较多，在有影响力的杂志上发表，这些文章的观点和发现大家比较容易接受。另一方面，我们还要有勇气，直接投稿到排名前5、前10的杂志。因为愿意出专刊的杂志通常不会是顶级的。我们应该有勇气去建模、做严谨的实证研究，直接瞄准主流的顶级杂志，接受匿名评审的考验。新结构经济学还处于新创阶段，可以做的重要题目很多，如果每年我们能够在顶级杂志上发表5~10篇论文，这样经过5年、10年在学界已经有了影响，再出自己的杂志，学界就不会说我们是关起门来自说自话了。

组织学会也要再过几年。这个学会的成员不能只是中国经济学家，如果朝着上面的方向去努力，10年后新结构经济学就在经济学界立住脚了。从亚当·斯密以来，世界经济的中心就是世界经济学的研究中心，十几二十年后，中国有可能成为世界经济的中心，这个世界经济中心出现了新结构经济学的理论创新，这个新理论体系是做研究的金矿，国外学者也会乐于以新结构经济学的视角来做研究，那时研究新结构经济学的就不会只有中国经济学家了，届时再成立学会也就水到渠成。目前我们可以把成立学会作为目标，尽量去建立同盟，鼓励更多的经济学家参与新结构经济学的研究，但暂时还是把这个目标放在心里面，而不是马上去做。

新结构经济学与诺贝尔经济学奖

一直有很多人提及诺贝尔经济学奖的问题，我相信新结构经济学应该得诺贝尔经济学奖。我相信不仅是新结构经济学应该得诺贝尔经济学奖，新结构经济学衍生出来的很多领域也该得诺贝尔经济学奖。首先，最优金融结构理论，这是在现有的金融理论里面没有的，最优金融结构理论可以解决发展中国家广大的农户、微小中型企业的金融问题。过去的金融理论都建议发展中国家按发达国家的金融安排来发展其金融体系，解决不了发展中国家广大的农户、微小中型企业的融资需求，导致这些国家经济发展不好，贫困问题不能解决。虽然孟加拉国出现了小额贷款，但是这种小额贷款是出于人道主义的，贷款金额太小，不能解决发展问题。金融存在的目的是为实体经济服务，不同发展阶段的实体经济，它的资本需求和风险特性不一样，合适的金融安排当然也不一样。我觉得这是一个诺贝尔经济学奖的题目。其次，潮涌理论对现有的宏观货币政策、财政政策有很多新的思考，是对现有的主流宏观理论的扩展，使宏观理论和发展中国家的宏观现象能够进行比较好的结合，这样的理论能够帮助发展中国家实现经济的稳定发展。这也是诺贝尔经济学奖的题目。

我们要努力，不要醒得早，起得晚。这些题目都是我常讲的，从要素禀赋及其结构出发，内生决定产业、技术结构和基础设施及制度结构，随着要素禀赋结构的变化，这些结构都会变化；在结构演变过程中，我们都会对人力资本、金融、宏观的作用有许多新的认识和政策思考，这些题目都有严谨的数学模型和实证检验。在第二部分的报告中，我总结了十几个目前国际经济学界争论不清的问题，从新结构经济学的角度来看，这些问题都是一清二楚的，都可以用严谨的数理模型来回答，以及用数据做检验。我希望大家可以尽快把这些研究做出来，不管是做理论模型还是做实证。

我相信沿着新结构经济学的方向去做研究，可能得到的不是一个诺贝尔经济学奖，而是3个、5个，甚至是10个诺贝尔经济学奖。但是我知道这个奖不会是我得到的，诺贝尔经济学奖得主肯定出现在你们这一代或是在你们的下一代。如果你们努力的话，这个奖就会出现在你们这一代，要不然就在下一代。这是很显然的，因为我知道诺贝尔经济学奖的评审过程。每年诺贝尔经济学奖的评审过程都是由诺贝尔经济学奖委员会邀请大约1 500名著名的经济学家做推荐人，这1 500个人包括北欧四国经济相关院系的正教授、先前诺贝尔经济学奖的获得者，再加上在国际主流经济学界有影响力的经济学家。我了解到，这1 500名经济学家中有一半的人会推荐自己，因为有名的经济学家通常都觉得自己的贡献很大，有一半会推荐其他人，被推荐的人中相对比较集中的也就只能得到十几二十个人的推荐。被别人推荐的，其推荐人通常是自己的学生。即使被推荐人得到了十几二十票，进入了前5名，也不是第一次入围就可以获奖，通常要连续几年才有机会。

那么，中国经济学家要得诺贝尔经济学奖，前提条件是什么？我们不是北欧四国，我们现在也没有人得诺贝尔经济学奖，所以，中国经济学家要得诺贝尔经济学奖，必须先培养出50名能进入国际排名前1 500名的经济学家来。这不容易，因为现在所有顶尖杂志都由西方主流经济学家所控制。我们现在关心的问题是我们的文章——以《数理经济学杂志》那篇文章为例——为什么难发表？因为目前的主流经济学家不了解发展中国家的现象，所以就要花很多时间去解释。如果我们写的论文是沿着他们的话语体系，按照他们的思路去写他们关心的问题，这样就相对容易发表。如果我们沿着新结构经济学的新的理论体系写，他们就老是半信半疑，而且也不认为这些问题有多重要。所以，即使现在有100个、200个经济学家沿着新结构经济学的理论框架来做研究，要有50人进入国际前1 500名大概也很难，而且等你们进去了以后，也有可能推荐自己嘛。王勇也可能觉得自己对这篇文章的贡献最大，因为数学部分大多是他写的。

既然不可能得诺贝尔经济学奖，我为什么还那么努力呢？

作为一名学者，首先，我希望给经济学界引进一个新的视角，就是结构的视角。因为现代的主流经济学理论基本上没结构，最近开始有人关心结构问题了，但关心的人还是很少。绝大多数的主流经济理论和模型还是没有结构，所以无法区分发展中国家和发达国家。我希望经济学界在研究经济问题时，大家先天地就会考虑到发展中国家和发达国家的结构差异，我希望给经济学界带进这个视角。

有了这个视角以后，我还希望为经济学家研究结构时带进一个切入点。我刚才讲了，很多带有结构的模型是以更根本的因所决定的果作为研究的前提的，这样的结构模型并不能帮助我们真正地认识世界和改造世界。我希望经济学家在研究结构问题时能够以要素禀赋及其结构作为切入点。我很确信要素禀赋及其结构是各种结构的最根本的决定因素。马克思主义所说的经济基础已经够根本的了，但是马克思主义并没有讲生产方式的决定因素是什么，其决定的机制如何，也就是没有把生产方式内生化，只说是生产力演化的自然结果。以要素禀赋及其结构作为切入点可以把生产方法、方式内生化，而且，要素禀赋及其结构自身的变化机制也是清楚的。

其次，我希望给经济学理论体系留下一个概念：企业自生能力。企业自生能力指的是一个正常管理的企业在开放竞争的市场环境中获得社会可接受的利润率的能力。我希望企业的自生能力能够变成经济学家讨论问题时的一个通用概念。我从出版《中国的奇迹》一书以后，讨论的发展和转型问题很多，之所以能够自成体系、一以贯之，而且讨论问题时能够很快就抓住问题的核心，是因为我脑子里有一个企业自生能力的概念。有了这个概念，我就更容易找到现实世界中许多现象的微观基础，知道那些制度或扭曲是不是内生的，那些政策变动是不是会有预期的效果。企业的自生能力实际上是整个新结构经济学理论体系的微观基础。

最后，我有一个愿望。我希望经济学的理论能够帮助所有发展中国家发展经济，消除贫困，实现共享和繁荣。以现有的主流的经济学理论来说明发展中国家的问题似乎头头是道，但是，二战以来尚无根据主流经济学的理论制定政策而取得成功的发展中国家，少数几个在发展和转型过程中获得成功的国家和经济体的主要政策在推行时，从现有的主流理论来看都是错误的。我希望经济学理论有一天不仅能够作为批评的利器来说明发展中国家的问题，而且，更重要的是，也能够作为解决问题、推动发展中国家社会经济繁荣、共享的指南针。

我希望这一个视角、一个切入点、一个概念、一个愿望能够成为经济学界的共识和共同努力的目标，如果这个目标能实现，我就心满意足了。

非常感谢大家花了至少 4 天时间，有人如果参加了前两天的国际会议就是 6 天时间，每天早上 8 点开始，晚上 9 点多结束，在这里交流切磋新结构经济学。这么密集的智力交流是非常辛苦的。我相信这样密集的讨论对大家会有很多帮助，包括对我自己。

新结构经济学"药方"

从新结构经济学的角度来看,创新的方式必须与不同发展阶段的产业和技术的比较优势相结合,这样才能推动经济的可持续发展。

二战以后,成功的发展中经济体非常少,但是有13个发展中经济体实现了每年以7%或者更高的增长率、持续25年或更长时间的快速发展。

发达国家过去100多年以来的年均经济增长率是3%～3.5%,如果一个发展中经济体能够以7%或更高的速度增长,也就是以发达国家的两倍甚至三倍的速度来发展,而且持续25年或者更长的时间,这个经济体就能够大大缩小和发达国家的差距。

这些经济体的成功有何秘诀?为此,世界银行成立了增长委员会,由迈克尔·斯宾塞和罗伯特·默顿·索洛两位诺贝尔经济学奖得主带领20多位在发展中国家政府中工作并且受过良好经济学训练的学者进行研究。

他们发现这13个成功的发展中经济体有五个特征：第一，它们都是开放经济；第二，它们都实现了宏观稳定；第三，它们都有高储蓄、高投资；第四，它们都是市场经济或者转向市场经济；第五，它们都有积极有为的政府。

这份报告发表以后，委员会主席斯宾塞教授经常应邀到发展中国家演讲，发展中国家的领导人向他请教经济发展成功的秘诀。斯宾塞教授的回答则是这五个特征是成功的"药材"，但不是成功的"药方"。我们中国人知道，单单有药材没有药方是治不了病的。

从新结构经济学的视角来看，其实这五个特征暗含了一个"药方"，就是在经济发展过程当中，每个国家、每个地区、每个经济体必须按其发展阶段的要素禀赋结构所决定的比较优势来选择技术、发展产业。

首先，在劳动力多、资本稀缺的时候，发展的产业应该是劳动力相对密集的产业，采用的技术应该是以劳动力替代资本的技术。反过来讲，如果资本积累起来了，资本变得相对丰富，劳动力变得相对短缺，到那时候具有比较优势的就是资本密集型的产业，在技术方面要用机器来替代人。这样的产业和技术才能使企业在市场上具有竞争力。

如果反其道而行之，在资本相对短缺、劳动力相对丰富的阶段发展违反比较优势的资本密集型产业，就只能通过给予保护性补贴、不让外国产品进来竞争的方式，维持产业的生存。同时，自己有比较优势的劳动密集型产业，得不到必要的资本也发展不起来，可以出口的产品就很少。

所以，根据比较优势发展的经济体，一定是出口多，进口也多，违反比较优势发展的经济体进口少，出口也少，所以开放经济是按照比较优势发展的结果。

其次，如果一个经济体的产业都按照比较优势来发展，那么这个经济体各个产业的生产成本低，有竞争力，自发的危机就比较少，这个经济体自然会比较稳定。反之，违反比较优势的发展，生产成本高，各个产业没有竞争力，整个经济就不太稳定。

最后，如果按照比较优势来发展，那么各个产业有竞争力，能创造利润，储蓄就多。而且，按照比较优势来投资产业、采用技术，回报率高，自然也就会有高储蓄、高投资。

所以，开放、稳定和高储蓄、高投资其实是按照要素禀赋结构所决定的比较优势来选择产业、发展经济的结果。

按照比较优势来发展是经济学家的语言，企业家关心的是利润，如何让他们按照一个地方的要素禀赋所决定的比较优势来选择产业和技术呢？必须有制度安排。在这个制度安排中，各种要素的相对价格要能够反映这个经济体的各种要素的相对稀缺性。

在资本相对短缺的时候，资本相对昂贵，劳动力相对便宜，企业家为了自己利润的最大化就会进入能够多用便宜的劳动力、少用资本的产业，这样的产业就是劳动密集型产业。他们会采用以廉价的劳动力替代昂贵的资本的技术，这样的技术就是劳动密集型技术。

反过来讲，如果资本相对丰富，劳动力相对稀缺，这种状况之下，资本是相对便宜的，劳动力是相对昂贵的，企业家为了自己的利润，就会进入能够多用资本、少用劳动力的产业，也就是资本相对密集的产业，并采用以机器设备替代劳动力的资本密集型技术。

怎样才能形成这样的价格体系呢？到现在为止，只有在竞争的市场中，各种要素的价格才能反映各种要素的相对稀缺性。竞争的市场是按照比较优势发展经济的制度前提，然而，在经济发展过程中，政府也要发挥积极的作用。

按照比较优势选择产业和技术能够使生产时的要素成本达到最低水平，但是产品要在国内外市场上有竞争力，还需要降低交易费用。交易费用的高低则取决于是否有完善的电力、交通等基础设施，是否有合适的金融安排支持企业的投资，是否有完善的法律来规范和执行企业间的合同等，这些影响交易费用的硬的基础设施和软的制度安排只能靠政府来改善。

同时，随着资本积累，要素禀赋结构和比较优势会发生变化，必须有先行的企业根据比较优势的变化进入新的产业，采用新的技术，也就是进行创新，先行者要比后来者冒更大的风险、付出更高的成本，不管成功与否都能给后来者提供有用的信息，因此，政府需要给先行企业提供一定的激励。

不要拔苗助长去发展违背比较优势的产业。一个经济体的创新，包括新技术和新产业，对经济发展很重要，创新只有与比较优势相结合，并且在有为政府的因势利导下才能在市场中形成竞争优势。过去绝大多数的发展中国家的经济发展陷入失败，最主要的原因是其为了快速追赶发达国家，不顾要素禀赋结构的实际情况，拔苗助长地去发展违背比较优势的产业。

比如，在资本很短缺的农业经济基础上发展大规模的钢铁产业、汽车产业等现代化的资本密集型制造业，这些产业看起来很先进，技术也很好，但实际的结果是发展起来的产业没有竞争力，要依靠保护和补贴才能生存。

第 2 章

中国经济发展的比较优势

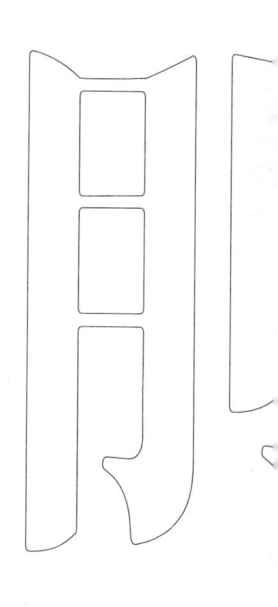

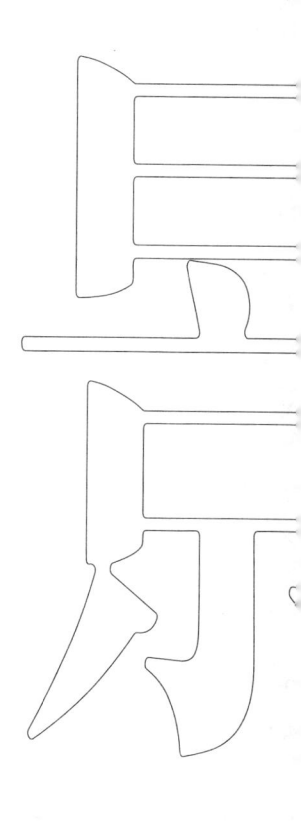

中国未来经济增长具有两大优势

从 2021 年开始，我们开启了迈向第二个百年目标的新征程。新征程里有两个阶段性目标：一个是到 2035 年基本实现社会主义现代化，GDP 总量或城乡居民收入在 2020 年的基础上翻一番；另一个是到 2049 年新中国成立 100 周年时，中国成为富强、民主、文明、和谐、美丽的社会主义现代化强国。习近平总书记在谈到这两个目标时强调，要胸怀两个大局，一个是中华民族伟大复兴的战略全局，一个是世界百年未有之大变局。[①]

中国未来发展的两大优势

中国进一步发展还有多大的潜力？还能不能再保持较高的经济增长速度？对此，新结构经济学做了很多研究，发现中国未来

---

① 贯彻新发展理念推动高质量发展 奋力开创中部地区崛起新局面[N]. 人民日报，2019-05-23.

的经济增长具有两个优势。

一个是后来者优势。我们现在的人均 GDP 刚超过 10 000 美元，而美国是 65 000 美元、德国是 48 000 美元、日本是 41 000 美元、韩国是 30 000 多美元，中国与它们的差距还很大。人均 GDP 的差距代表了人均劳动生产率水平的差距，而人均劳动生产率水平的差距又代表了技术和产业先进程度的差距，这意味着我们在发展过程中可以利用后来者优势追赶。19 世纪中叶至今，发达国家的经济增长相当稳定，年均维持在 3% ~ 3.5% 的增长速度。其中 2% 来自劳动生产率水平的提高，1% ~ 1.5% 来自人口的增加。改革开放后，中国的增长速度是发达国家的 2 ~ 3 倍，就是因为我们在进行技术创新、产业升级时发挥了后来者优势，利用与发达国家的差距引进先进技术后消化创新。由于创新成本比发达国家低，我们的发展速度也比发达国家快。

另一个是换道超车优势。以数字技术为基础的新经济出现后，产品的研发周期变短，主要依靠人力资本投入。在人力资本方面，中国与发达国家的差距并不大，甚至还有优势。人力资本由两部分组成，一部分是天才，另一部分是后天受过良好教育的普通人。天才的数量在任何国家都大约占总人口的 1%。作为人口大国，中国拥有的天才的数量当然也应该是世界第一。在后天教育方面，这些年中国从幼儿园到研究生的各个阶段的教育水平都提升得很快，和发达国家的差距已经很小了。因此，在以人力资本投入为主的大数据、互联网行业等新经济领域，中国比其他国家更有优势。

两大优势对中国未来的经济增长意义重大

从后来者优势来看，我们与发达国家的差距代表了我们经济增长的潜力。中国 2019 年的人均 GDP（按购买力平价计算）只有美国的 22.6%，相当于德国在 1946 年、日本在 1956 年、韩国在 1985 年时相对于美国的发展水平。由于利用了后来者优势，德国 1946—1962 年实现了连续 16 年年均 9.4% 的增长；日本 1956—1972 年实现了连续 16 年年均 9.6% 的增长；韩国 1985—2001 年实现了连续 16 年年均 9% 的增长，且韩国在 1998 年还因遭遇东亚经济危机而出现过负增长。参考德国、日本和韩国的经历，如果我们也利用好后来者优势，中国也有连续 16 年平均每年 9% 的增长潜力。德、日、韩在上述 16 年间的人口年均增长率分别为 0.8%、1.0%、0.9%，即便考虑到老龄化的影响，人口不增长，就后来者优势而言，单靠劳动生产率的增长，中国在 2035 年前仍有年均 8% 的增长潜力，2036—2050 年也仍有 6% 的增长潜力。

再看换道超车优势。由于当时还未出现大数据和互联网行业，所以德国、日本和韩国都不具备这一优势。换道超车以发展新经济为基础，新经济的一个很重要特征就是出现独角兽企业。一家创业公司成立不到 10 年，尚未上市，但市场估值已经超过 10 亿美元，这就是独角兽企业。2019 年全世界拥有 484 家独角兽企业，其中中国有 206 家，美国有 203 家；2020 年全世界有 586 家独角兽企业，其中美国有 233 家，中国有 227 家。我们从这些数据可以看到，在这些研发周期短、以人力资本投入为主的新经济领域，中国有条件和发达国家直接竞争。在生产软件产品方面，中国还具备世界上最大的软件产品应用市场的优势；在硬件生产方面，中国也拥有全世界最好的产业配套。这个换道超车优势将进一步增强我们对中国未来增长潜力的信心。

面对美国"卡脖子"不用太悲观

利用后来者优势是中国经济保持快速增长的重要原因。有人会问，现在我们被美国"卡脖子"了，如果不能从美国引进先进技术，我们的增长潜力会不会大大降低？

我们知道，世界上拥有先进技术的发达国家并不是只有美国。如果其他发达国家的高科技企业不把产品卖给中国，那么它会付出巨大的代价甚至丧失在高科技领域的领先地位。像芯片这类高科技产品，30% 的市场都在中国，如果企业无视中国市场，该行业就有可能从暴利转为低利甚至亏损。

高科技产品的特性是迭代特别快，企业必须保证大量的研发投入以维持产品的先进优势，而大量的研发投入需要以企业盈利为前提。因此，美国卡中国脖子的行为实际上是"杀敌一千，自损八百"。如果单纯从企业利润和未来的竞争能力考虑，那么我相信没有一家美国企业不愿意把产品卖给中国，主要是美国政府不让它们卖。

德国的高科技企业就不会面临美国企业的困境。德国总理默克尔与美国总统沟通时一直在表示，德国既希望维持与美国的友好关系，也希望维持与中国的友好关系。同理，英国、法国、日本、韩国也是如此，因为它们并不想为了维护美国的世界霸主地位而失去庞大的中国市场。

如果美国拥有某些全世界独一无二的先进技术，又禁止企业卖给中国，怎么办？我的观点是，这样的技术可能有，但不会太多。既然不多，那我们就可以运用新型的举国体制集中力量去完成技术攻坚。以我们现在的经济、科技和产业实力，短则 1～2 年、长则 3～5 年，就有希望实现突破。

百年未有之大变局所引发的中美摩擦会持续很长时间，但我相信，中国经济在 2035 年之前仍然具有每年 8% 的增长潜力。即便我们要应对人口老龄化、碳达峰与碳中和、乡村振兴、高质量发展等一系列问题，中国也有可能达到年均 6% 左右的增长速度，保证实现 2035 年 GDP 总量在 2020 年基础上翻一番的目标所需要的年均 4.7% 的增长。到 2030 年，即便是按照市场汇率计算，中国经济规模也将超过美国成为世界第一大经济体。

到 2049 年，中国人均 GDP 将达到美国的一半，中国经济发达地区"三市五省"的人均 GDP、经济规模、产业、技术水平都与美国水平相当，中国将成为富强、民主、文明、和谐、美丽的社会主义现代化强国，实现中华民族伟大复兴的目标，美国将不再有卡中国脖子的技术优势。在中国实现社会主义现代化强国的过程中，中美关系也会达到新的平衡。

中国经济如何应对不确定性[①]

中国经济：不确定性环境中的确定性选择

从 2020 年中国经济半年报来看，上半年中国经济发展得还不错，比预期要好。这里有个特殊的前提，就是新冠肺炎疫情对全球经济造成了很大的冲击，大部分国家经济都在下行。一季度 GDP 同比下降 6.8%。到二季度，我们很快取得了 3.2% 的增长。在我看来，我们取得这样的成绩很不容易。

同时，我们也要看到外部环境的不确定性依然存在。疫情在全球范围内的持续暴发以及反复，都会给经济增长带来负面影响。除此之外，美国等国家的贸易政策以及对中国相关产业的恶意打压，也会给经济发展带来不确定性。对我们来说，"兵来将挡，水来土掩"，只要继续做好疫情防控工作，把有利于经济增长的条件挖掘出来，保持定力，像习近平总书记强调的那样，集

[①] 本文根据林毅夫 2020 年 7 月 22 日接受人民网专访的发言整理。

中力量办好自己的事①，我相信我们依然会是全球经济增长的最主要的动力来源。

我的信心来源于对国家政策的信任，我们知道，中国中央政府和地方政府加起来的负债，所占GDP的比重不到60%，而发达国家普遍超过100%，其他发展中国家也普遍超过100%，因此，我们积极的财政政策能利用的空间比较充足。从货币政策来看，其他国家开始实行零利率、负利率，而我们的利率还是正的，我们的准备金率也比较高，因此，我们的货币政策利用的空间也很充分；我们的宏观政策也很有针对性和时效性，减税降费、金融支持等一系列举措都在有效落地。

更重要的是，中国的增长空间依然广阔，特别是技术创新、产业升级的空间很大。在智能制造、5G（第五代移动通信技术）、人工智能等方面，我们和发达国家在同一起跑线上。中国有很大的国内市场，在技术创新上取得突破以后，规模经济就能够显现出来。总体来讲，只要看清楚我们的有利因素，保持我们的定力，继续坚持改革开放，我相信，不管外部环境如何风雨飘摇，中国都能够乘风破浪地稳步前进。

"六稳""六保"：关键要保就业、稳增长

"六稳""六保"关键是保就业、稳增长。有就业，社会就能

---

① 习近平.在企业家座谈会上的讲话[N].新华社，2020-07-21.

够稳定，家庭收入就能够增加，消费就能够活跃，我们的生产潜力就能够发挥出来。而就业最大的来源是什么？还是经济增长。经济有增长，有投资，就能实现就业机会的增加。同时，新的就业机会增加，伴随着产业升级、技术创新和劳动能力水平的提升，可以推动劳动者工资水平的提高。

当前，国内还有很多好的投资机会，这些有效的投资可以支撑我们的经济升值，降低我们的交易费用。比如，发展新基建可以进一步推动整个经济效率的提升。就像有4G（第四代移动通信技术）才能更好地实现现在的移动通信和网上支付，我相信随着5G时代的到来，智能互联一定会开创出更多高附加值的新业态，从而创造大量就业机会。

平衡好有效市场和有为政府的作用很关键，不管在哪个国家，要想经济持续发展一定要把政府和市场这"两只手"都用好。劳动生产率水平的不断提高，需要不断地进行技术创新和产业升级。而技术创新和产业升级需要企业家的奋发有为。同时，在技术创新和产业升级的过程中，也有很多问题是依靠企业家自身难以解决的。例如基础设施建设、金融制度的规范、法律制度的完善等，夯实这些基础，才能让新技术、新产业的潜力有效发挥。即使在发达国家也是这样，一方面，靠市场竞争给企业家提供激励、提供机会；另一方面，靠政府来帮助企业家解决企业解决不了的事情。所以，经济改革和发展的成功，需要有效市场、有为政府这"两只手"一起用。

而这也正是中国经济发展的优势。我们有一个有为的政府，在经济发展过程当中，也越来越重视市场的作用，这次新冠肺炎疫情防控过程就充分体现了这一点。疫情防控对中国来说是一次"闭卷考试"，我们在答题过程中很快了解到了问题的本质，并采取了积极有效的措施。

理论自信：中国需要自己的经济学理论

理论都不是凭空产生的，它的来源有两个，一个是对过去经验的总结，一个是对当前问题的解决。

二战以后，大部分发展中国家摆脱了殖民地、半殖民地的地位，开始追求自己的工业化、现代化。当时绝大多数的国家都抱着"西天取经"的心态，希望吸取发达国家的发展经验。但是到现在，还没有一个发展中国家按照发达国家的理论成功追赶上发达国家。其实这很容易理解，简单照搬发达国家的理论，必然难以成功。发达国家的理论必然以发达国家所处阶段的经济基础和相关的制度、社会、政治等为暗含前提，当这些暗含前提中的某些条件发生变化，旧的盛行理论就被新的盛行理论所取代。在发达国家盛行的理论不是"百世以俟圣人而不变"的，拿到发展中国家直接用，环境和条件不一样，怎么可能发挥有效作用呢？

面对风险和挑战，我们需要科学理论的指导。但是这个理论不能来自发达国家，而是必须站在我们自己的土地上，来总结中国的成功经验。要了解为什么成功，背后的道理是什么，以及现在出现的问题是什么，在解决这个问题的过程中，我们有什么条件可以利用，有什么力量可以依靠，基于这个前提形成的理论，才能真正达到认识世界、改造世界的统一。只有根据我们自己的条件，完善市场竞争，调动企业家的积极性，发挥有为政府的作用，才能满足人民对美好生活的向往。

这些年，我根据对中国发展经验的总结，提出了新结构经济学。新结构经济学强调不同发展程度的国家的结构差异性，包括产业、制度、文化以及治理结构等差异性，以及这些差异对经济发展、转型和运行的影响，以期这个新的理论在各种不同发展程度的国家都能够帮助人们实现"认识世界、改造世界"目标的统一。

这是一个需要理论也必然会产生理论的时代，我们不能辜负这个时代。从 2020 年开始，我和北京大学经济学院以及我所在的新结构经济学研究院合办了面对本科生的新结构经济学实验班，希望从本科教育开始来使用根据我们自己的理论所编写的教科书体系，培养有能力站在中国这块土地上进行理论创新，实现认识世界、改造世界相统一的人才。我认为，21 世纪的中国会是全世界经济学的研究中心，引领全世界经济学思潮的大师一定会在中国出现。我相信，我们可以培养一批有能力抓住时代机遇、不辜负时代重任的经济学家。

中国经济发展与人类社会繁荣之路[①]

"淮南为橘,淮北为枳"

在过去,我和多数学者一样,抱着"西天取经"的心态,去学习发达国家的经济学理论,希望以此来帮助我们国家实现工业化和现代化。但是,历史证明,盲目照搬西方国家的理论和经验,并不能为各国发展提供有益的指导。二战结束后,发展中国家纷纷摆脱殖民地半殖民地的地位,开始把命运攥在自己手中,探索工业化、现代化之路。但是,到目前为止,我还没有看到一个发展中国家按照西方主流经济学理论制定本国发展政策而取得成功的例子。来自发达国家的理论,必然以发达国家某一阶段的产业基础、技术水平、制度安排、思想理念为暗含前提。在发展中国家,这些前提不一样。照搬西方理论,难免会造成"淮南为

[①] 本文根据林毅夫 2021 年 5 月 1 日接受《光明日报》采访的发言整理。

橘，淮北为枳"的问题。

20世纪五六十年代，西方发展经济学思潮"结构主义"认为，由于传统文化、社会的结构刚性，发展中国家的市场在资源动员和配置上存在着无法克服的缺陷，依靠市场自发难以发展追赶发达国家所必需的先进的制造业，因此主张由政府直接动员资源、配置资源来发展那些先进产业。但是，这些先进产业资本密集，违背了由发展中国家自身资本短缺的禀赋条件所决定的比较优势，企业缺乏自生能力，只能依靠政府的保护补贴维持生存，导致资源错配、寻租和腐败等一系列问题。随着结构主义主导的发展战略在许多国家陷入失败，从20世纪80年代开始，"新自由主义"的发展观盛行。这一思潮认为政府干预是经济发展的"顽疾"，主张以"休克疗法"推行"华盛顿共识"所主张的市场化、私有化、自由化，将保护和补贴一下子都取消掉，以建立和发达国家一样完善的市场经济体制。这一主张的推行导致了大量破产、失业和政治不稳定，结果是发展中国家的经济绩效比"结构主义"盛行时还差。

理论是用来帮助人们认识世界和改造世界的，当根据理论认识和改造世界无法获得成功时，需要改变的是理论本身。

1988年，了解到中国政府用砍投资、砍项目的方式，而不用主流理论主张的提高利率的方式来治理通货膨胀的合理性以后，我认识到，可能存在另外一个发展理论。这个理论认为，经济发展是一个动态的结构变迁过程，需要依靠"有效市场"来形成反映要素稀缺性的价格体系，诱导企业进行有效生产；也需要

"有为政府"来解决经济转型和发展过程中出现的外部性的硬的基础设施和软的制度安排的协调等问题。一个国家只有同时用好"两只手",才能实现快速、包容、可持续的高质量增长。2009年,在世界银行的一次内部讨论会上,我将这个理论命名为"新结构经济学"。

新结构经济学在目前阶段只能说是"星星之火",还没有形成燎原之势。一个新的理论提出之后,要说服在旧理论思维下成长起来的人去接受,是很难的。就像提出"量子力学"的物理学家普朗克曾说的:"一个新的科学真理不能通过说服它的反对者而使其理论获胜。它的获胜,主要由于其反对者逐渐死去,而熟悉它的新一代成长起来了。"目前新结构经济学无论在国外,还是在国内,都算是一个新理论,主要挑战来自接受了旧理论的人会因为理论框架不同而排斥它。

但令我感到欣慰的是,这个理论,无论应用于国内还是国外,都产生了立竿见影的效果。在新疆和田,当地凭借劳动力丰富的优势,承接东部沿海转来的制造业,解决了十几万劳动力的就业问题。在波兰,新组的内阁明确提出,依照新结构经济学,针对当地具有优势的产业,在政府因势利导下帮助企业做大、做强。2017年,波兰人口约占欧盟的1/10,新增就业占整个欧盟的70%,劳动力开始回流,政党也为人民所接受,这些年来政治趋于稳定。

理论创新的关键在于理论来源。就经济学而言,理论来源有两个,一个是对过去经验的总结,另一个是对当前问题的解决。

而理论的重要性则取决于其所解释的现象和解决的问题的重要性。理论本身只是逻辑，越简洁越好，它观照的对象决定了它的地位。

自 1776 年亚当·斯密出版《国富论》后，经济学从哲学中分离出来，成为一门独立的社会科学。我们可以看到，20 世纪 30 年代之前，有影响力的经济学理论基本来自英国学者，或者在英国工作的外国学者，如马克思。20 世纪 30 年代以后，随着世界经济中心向美国转移，在国际上有影响力的经济学家不是美国人就是在美国工作的外国人。

我们同样可以期待，随着中国经济实力的增强，世界经济学研究中心会逐步向中国转移。未来，引领世界经济学理论新思潮的大师会出自中国。

GDP 增长不是经济发展的目的，而是手段

让老百姓过上美好的生活，是我们发展的目标。要过好日子，首先要消除贫困。农村人口全面摆脱贫困，是一个历史性成就。几千年来中国想要达到的社会目标，今天终于实现了，中国人民希望过上的日子，今天总算过上了。

中国全面脱贫对世界来讲也非常重要。当前，在一些国家，贫困形势依然严峻，贫富分化仍然在加剧。去掉中国的减贫人口总数，全球贫困人口的数量仍在增加。中国的减贫经验可为其他国家提供新的经验和新的思考。

全面脱贫之后，我们就要把注意力放在乡村振兴上。乡村振兴需要产业的支持，无论这个产业是规模化的农业、工业还是现代服务业。只有发展产业，才能带来就业，才会有经济效益。产业发展要有基础设施的支持，农村生活需要有公共服务的支持。因此，要实现乡村振兴，经济发展的基础设施建设，包括文教、医疗在内的公共服务提升，社会治理能力的强化，都应一并提上日程。正如《国家乡村振兴战略规划（2018—2022）》所设计的那样，这是一个综合工程。

改革开放以来，我们以引进技术发展劳动密集型加工产业为主。随着40多年的快速增长，我们积累了很多资本，现在我们的比较优势已经逐渐变成资本密集型的制造业，在这些成熟的产业上中国仍然有后来者优势。另外，在计算机、互联网技术等更迭越来越快的新产业上，我们也具有换道超车的先发优势，因为这些产业研发周期短，人力资本高度密集，中国人口多，人力资本多，创新需要人才，中国人才的绝对数量也足够大。而且，我们拥有最大的国内市场，最完整的产业链，这些都可以助推相关产业的发展。从独角兽企业的数量上来看，我们近年来已经与美国持平。将新产业利用好的话，我们是有换道超车的机会的。

对中国来说，GDP增长本身不是我们的目的，而是一种用以创造资源来实现一系列社会目标，包括改善卫生、教育、就业、安全以及消费的手段。美国心理学家马斯洛曾讲过，人类的需求有五个层次。发展必须针对一国处于何种阶段制定相应的政策，从而发展经济，提供就业机会，增加人民收入，满足一定时期的人民的需求。新结构经济学提出，一国政府要充分利用由自己的要素禀赋所决定的比较优势，参加国际贸易和国际分工，促进具有比较优势的产业的发展。多数发展中国家的劳动力相对较多，具有劳动力成本优势，随着经济发展和资本积累，资本和技术密集的产业会逐渐形成新的比较优势。GDP 增长的目的不在于数字的提升，而在于产业和就业结构合理，社会福祉增加，人民生活水平不断得到提高，人们在解决温饱问题之后，有充分的就业，有安全的社会环境，能得到广泛的尊重，有实现自我价值的机会，幸福感、满足感不断增加。

驾驭新科技，享受新生活

在《致 G20 首脑的抗疫公开信》中，我写到，在发达经济体艰难应对新冠肺炎疫情传播的同时，新兴国家和发展中国家正面临着对人类生命、社会凝聚力和经济破坏的前所未有的集体威胁。全球性抗疫，必须在公共卫生和经济政策两条战线上展开。

在公共卫生战线，仍然要强调继续控制疫情。当今世界是一个全球化高速发展、人流与物流都相当活跃的社会。如果疫情在一个地区没有控制好，稍不注意就会在另外一个地区暴发。因此，各国都应尽可能广泛地让公民接种疫苗。在疫苗提供方面，我们应该有全球观，防止疫情暴发和蔓延。

在经济政策战线，我坚持认为，全球化仍然是人类社会最好的发展方式。新结构经济学重视一国的比较优势和国际贸易，认为对多数发展中国家而言，人力资源丰富和劳动力成本相对较低，是其在全球产业发展的差序格局中制胜的关键。各国尤其是发展中国家要充分利用好国内、国际两个市场，充分发挥自身要素禀赋优势。从前几年开始，贸易保护主义和逆全球化趋势抬头，这是由于一些国家没有认清国内矛盾产生的根源，将产业更迭造成的社会失业归咎于全球化和产业转移。实质上，这些国家没有认清国内分配和结构转型时劳动力就业能力的提升才是矛盾产生的根源。我仍然主张，中国要继续参与进一步推动全球化。

而在劳动力就业方面，机器替代人工的忧虑一直存在。第一次工业革命后，蒸汽机替代了纺织工人；第二次工业革命后，电力替代了各种人力，当时这些忧虑都存在过。人工智能产生后，忧虑的声音也不绝于耳。我想，新的技术在替代过去的工作岗位的同时，也会创造出很多新的工作机会。而且，新的技术可以用来改造过去的工作，提高生产力水平，人们的收入水平会提高，人们的需求会发生变化，从而产生对其他行业，比如服务业的需求，产生对文化、娱乐等领域的消费需求。并且，随着生产效率和收入水平的提高，人们的工作时间会减少，会有更多时间来享受美好的生活。总的来讲，我还是抱着乐观的态度。我们应该了解新技术、驾驭新技术，从而提高效率和收入水平。因为它们本身在替代一部分就业的同时会创造新的就业，在取代一些产业的同时也会创造新的产业，让我们有更多的时间和能力来享受人生。

"中国经济崩溃论"站不住脚[①]

中国在改革开放后,利用后来者优势实现了经济的飞速发展。

中国的改革开放是按照实事求是的老人老办法、新人新办法实行的,促使经济不断发展,人民生活不断改善,经济并没有崩溃。

发达国家占世界经济的比重逾50%,这50%多没有复苏,导致国际贸易增长缓慢,也是造成中国经济增长放缓的主因。

改革开放后中国的经济增速为什么快,为什么每隔几年中国经济即将崩溃的论调就会抬一次头,中国经济的发展潜力如何?

"后来者优势"助推经济起飞

从一名研究经济发展的学者的角度来看,经济增长的表象是人均收入水平不断提高。人均收入水平的增加有赖于劳动生产率

---

① 世界纵论新中国 70 年专题报道 [N]. 参考消息,2019-09-22.

水平的提升，后者主要依靠两个机制：一是现有的产业技术不断创新，每一个劳动者可以生产出数量越来越多、质量越来越好的产品；二是产业升级，新的高附加值产业不断涌现，可以把资源、资本、劳动从附加值低的产业配置到附加值高的产业。

一个发展中国家如果懂得利用收入水平低，技术和产业与发达国家有差距的情况，以引进、消化、吸收作为技术创新和产业升级的来源，那么在技术创新、产业升级上有可能比发达国家成本更低、风险更小，这在经济学上被称为"后来者优势"。一个发展中国家如果懂得利用这个优势，就有可能比发达国家发展得更快。

后来者优势在工业革命以后就存在，不过，改革开放前中国试图在农业经济基础上建立起完整、先进的现代化工业体系，这为中国的国防安全和现代化打下了坚实的基础，但是，也因此放弃了利用后来者优势来加速经济增长的可能，直到改革开放后才改变战略，发展符合比较优势的劳动密集型产业，使利用后来者优势成为可能。

老人老办法，新人新办法

既然中国改革开放以后发展飞速，而且是唯一没有发生系统性金融经济危机的国家，为何"中国经济崩溃论"每隔几年就抬一次头？

中国推行改革开放后，其他社会主义国家以及拉丁美洲、南亚、非洲的一些非社会主义发展中国家也都从政府主导的经济向市场经济转型。当时国际上的主流观点认为发展中国家的经济发展不好是由于政府对市场干预过多，造成了资源错配和腐败盛行，因此，应该取消各种政府干预，建立像发达国家那样完善的市场经济体系，这就是"华盛顿共识"的内容。当时认为只有把这种市场制度以"休克疗法"一次落实到位，转型才能成功。

但中国的改革开放推行的并不是这套理论，中国当时采取的是实事求是的"老人老办法、新人新办法"。对原来的大型国有企业继续提供保护补贴；对符合比较优势的新的劳动密集产业，放开准入，政府还积极因势利导，形成了计划体制和市场体制在经济当中并存的现象。当时的国际社会普遍认为这是最糟糕的制度安排，但中国在实行改革开放后经济不断发展，人民生活不断改善，经济并没有崩溃。而那些按照"华盛顿共识"去实施"休克疗法"的国家，有些出现了经济崩溃、停滞，危机不断。它们在20世纪八九十年代转型时期的经济增长速度，比20世纪六七十年代其政府主导的计划经济或是进口替代战略时期还要慢，危机发生的频率比之前还高。

中国在转型中的确存在一些问题，但推行"休克疗法"的国家也都有同样的问题，而且程度比中国更严重。主要原因是它们忽视了政府干预的目的。第一，在计划经济体制下建立资本密集的大规模产业，企业自生能力较弱，取消保护补贴就会造成大量失业，必然导致社会不稳定；第二，不能让与国防安全相关的产业倒闭，因为没有这些产业就无法保障国防安全。

20世纪90年代，我就国有企业保护补贴的问题与国内外许多经济学家有过争论，我提出给国有企业保护补贴不是因为其性质是国有，而是因为它所在的产业符合国家战略的需要。这些企业有战略性、政策性负担，就会有战略性、政策性亏损，有了亏损，国家当然应该负责，这是给国有企业保护补贴的主要原因。私有化以后不能让这些企业倒闭，如果其倒闭，我国就会跟乌克兰一样，丧失国防实力。

中国经济也存在问题，我们能够取得稳定和快速发展，是因为采取了"老人老办法、新人新办法"。经济稳定且快速增长，资本积累，比较优势发生改变，原来违反比较优势、需要保护补贴的资本密集产业变成了符合比较优势的产业，企业有了自生能力，为取消原来对国有企业的保护补贴创造了必要条件。比如装备制造业，在20世纪80年代，机床和工程机械企业，没有保护补贴就活不了，可是今天，中国的工程机械企业不管是私营的三一重工，还是国营的中联重科、徐工集团，在国际上均可以跟德国的西门子公司、美国的卡特彼勒公司竞争。原来给保护补贴是雪中送炭，现在给保护补贴就变成了锦上添花。

从企业的角度来看，国家多给保护补贴当然好，但从国家的角度和全社会的角度来看，给保护补贴就可能造成寻租腐败和收入分配的差距，在这种情况下就应让市场在资源配置中起决定性作用，然后政府发挥好作用，取消双轨制转型过程中所遗留下来的干预、扭曲市场的行为，建立完善的市场经济体系。

经济下行压力主要来自外部

中国经济目前下行压力较大，国外很多人认为这是中国的体制机制造成的，是向常态经济增长回归的表现。这一点是存在争议的。对于中国未来的发展，一方面，要认清中国的增长潜力到底有多大，究竟是否如某些国外学者所言，每个国家发展的潜力都为3%～3.5%；另一方面，要回答为什么从2010年以后中国的经济增长速度节节下滑。

要回答中国经济增长潜力有多大，必须看中国跟发达国家的技术和产业平均差距所代表的后来者优势还有多大。一个很好的衡量指标就是人均GDP的差距。人均GDP代表平均劳动力生产水平，代表技术的平均水平跟产业附加值的平均水平。

按照购买力平价计算，2008年中国的人均GDP是美国的21%，这相当于日本在1951年相对于美国的水平，新加坡在1967年相对于美国的水平，韩国在1977年相对于美国的水平。这些东亚经济体利用跟美国的技术产业差距，实现了20年8%～9%的增长。它们利用后来者优势实现了长时间的高速增长，这意味着中国也有可能做到。就像一棵树能长多高，是基因决定的。2008年中国的人均GDP是美国的21%，如果利用这个21%所代表的后来者优势，那么中国从2008年开始，应该有20年平均每年8%的增长潜力。为什么说是潜力？因为这是从技术创新和产业升级的供给侧角度来看的发展可能。

那为什么中国从2010年以后经济增速不断下滑，到2018年已经下滑至6.6%呢？对于中国的情况，国内外是有争论的。主流看法是这种情况是由各种弊端造成的，比如中国国有企业在经济中所占的比重太高，效率低，所以经济增长速度慢。另一种看法是，中国储蓄率太高，消费不足。还有一种看法是，中国出现了人口老龄化，劳动力越来越少，造成经济增长速度下滑。

这些问题的确存在，但都不是中国经济增长速度下滑的主要原因。因为俄罗斯、印度、巴西和其他新兴市场经济国家如土耳其、印度尼西亚等都在2010年以后出现了经济增长速度下滑的情况，而且多是在同一年开始的，它们下滑的幅度都比中国大，但是困扰中国的问题在它们那里并不存在。比如俄罗斯全部完成私有化了，巴西、土耳其、印度尼西亚几乎没有国有企业。这些国家均是储蓄率不高、消费力非常强的国家，它们的经济增长速度为什么也下滑了？这些国家人口普遍没有老龄化，像印度、印度尼西亚、巴西的人口都很年轻，为什么它们下滑的幅度比中国还大？是共同的外部性原因和共同的周期性原因造成了中国经济增速的下滑。外部性原因是发达国家从2008年国际金融危机爆发以后到现在，经济还未完全复苏。按照常规，发达国家在金融危机后增长速度应该有一两年在5%~6%，美国到现在都没有恢复到这个水平。多项预测显示美国今年增长率仅2.5%，明年将进一步下滑至2%。欧洲国家的增长率从金融危机起至今都在2%上下，没有恢复到3%~3.5%。日本的增长率则是从1991年泡沫经济破灭后至今一直在1%上下。发达国家占世界经济的比重超过50%，到目前为止，这50%没有复苏，消费增长缓慢，需求增长迟缓，其结果就是整个国际贸易增长慢。

这种出口减少、投资增长放缓影响的不只是中国，所有发展中国家都受到了影响，不仅如此，韩国、新加坡等出口较多的发达经济体，在这段时间里同样出现了经济增速下滑，而且下滑的幅度都比中国大。所以说造成这段时间经济增长速度下滑的主要原因是外部性、周期性的。

中国到2030年年均增长潜力应该有8%。这个潜力能够发挥多少呢？潜力来自供给侧，能实现多少则要看需求侧。需求侧由出口、投资、消费共同决定。

从外部需求来看，我个人持比较悲观的态度，因为发达国家很可能会陷入长期的经济增长疲软期。这些发达国家在爆发金融危机后都靠宽松的货币政策来刺激经济，没有进行必要的结构性改革，难以恢复到3%~3.5%的常规增长，它们的消费受到抑制，导致进口减少，影响国际贸易和中国的出口增长。

靠内需进一步释放经济潜力

出口增长慢，经济增长只能靠内需。内需来自两方面，一是投资，二是消费。国内曾有过争论，有人说投资增长不可持续，要依靠消费增长。我个人不同意这种看法，消费很重要，但消费增长的前提是收入水平的提高，收入水平不断提高靠的是劳动生产率不断提高，劳动生产率不断提高靠的是技术不断创新、产业不断升级。而后面这些都需要投资，所以问题不是靠投资拉动还是靠消费拉动，而是中国有没有好的投资机会，如果有好的投资机会，就应该进行投资，提高劳动生产率水平，收入提高了，消费自然会增长。

现在中国有很多好的投资机会。第一，中国目前还是中等收入国家，固然有不少过剩的产业，但中国每年进口近2万亿美元高附加值的产品，说明中国产业升级的空间非常大，这就是投资的机会。第二是基础设施。与其他发展中国家比，中国的基础设施很不错，但城市内部的基础设施严重不足，像地铁、地下管网，所以城市内部的基础设施还有很多投资机会。第三是环保。中国经济发展非常快，环境污染很严重，环保亟须加大投资。第四是城镇化。中国现在的城镇化大概是60%，与发达国家80%的平均水平还存在距离，所以中国的城镇化还在继续，农民进城就需要住房，需要配套的公共基础设施，这些都是投资机会。

中国利用好的投资机会和投资资金，维持一个正常的投资增长率，就可以创造就业机会，实现收入增长，进而实现社会经济增长。因此，到2030年之前，在外需不足的情况下，靠内需实现6%的增长，问题应该不大。

第 3 章

国内国外"双循环"经济结构

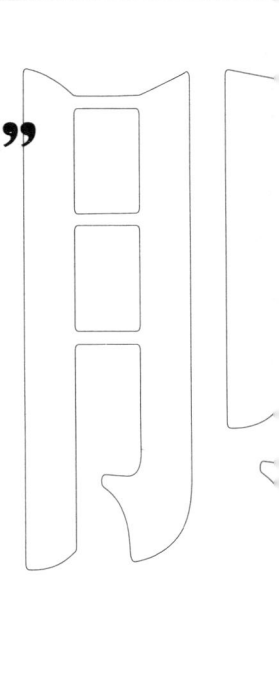

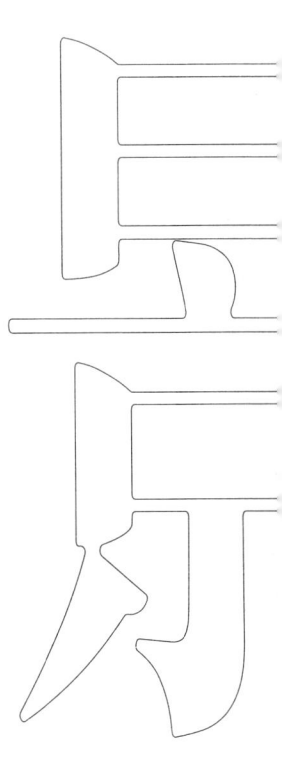

构建新发展格局，机遇大于挑战[①]

中国经济转向以国内大循环为主体是发展的必然

构建新发展格局，是以习近平同志为核心的党中央根据中国发展阶段、环境、条件变化做出的战略决策。

这其中有短期原因。新冠肺炎疫情全球大流行，不少国家的经济受到相当大的冲击，国际贸易也遇到阻碍。根据世界贸易组织预测，2020年全球贸易预计缩水13%~32%，萎缩幅度可能超过2008年国际金融危机时的水平。加之国际市场不确定性增强，中国出口难免受到影响。在国际市场需求低迷的情况下，我们更需要加快释放内需潜力，激发国内大循环活力。

更重要的是长期原因。过去，一些人总把中国的发展模式视为出口导向型，这种认识并不准确。从世界各国的经验来看，大

---

① 本文根据林毅夫2020年9月21日接受人民网采访的发言整理。

型经济体国内市场规模大，产业门类比小型经济体齐全，进出口贸易占 GDP 的比重低于小型经济体，国内消费和投资占 GDP 的比重更高。

2006 年，中国人均 GDP 在 2 000 美元左右，GDP 占世界的比重为 5.3%，出口占 GDP 的比重为 35.4%。2019 年，中国作为世界第二大经济体，人均 GDP 突破 10 000 美元，GDP 占世界的比重达 16.4%，而出口占 GDP 的比重降至 17.4%。背后原因并不复杂：随着一国居民收入水平持续提高，经济体量和市场规模增大，国内生产的产品更多用于满足国内需要，而且产业结构不断变化，第三产业在 GDP 中的占比会越来越大，而第三产业中有很多是不可贸易的。

根据经济发展规律和发达国家经验，未来出口在中国 GDP 中的占比会逐步降低，中国经济向以国内大循环为主体的转变是历史的必然、发展的必然。在这种形势下，以习近平同志为核心的党中央提出"加快构建以国内大循环为主体、国内国际双循环相互促进的新发展格局"，有利于正本清源、避免外界简单把中国发展模式视为出口导向型，也有利于引领全国人民准确把握当前发展所处的环境和阶段，从而坚定信心、构建新发展格局。

中国能够抓住高质量发展的宝贵机遇，也有足够能力应对各种挑战

构建新发展格局，中国有独特的优势，也面临着一些挑战。

总的看来，机遇大于挑战。

作为发展中国家，中国有后发追赶优势。无论是制造业还是服务业，我们与发达国家都有一定差距，国际上的参照系为我们提供了可以借鉴的发展目标和路径。通过深化改革、加强创新、提高人均劳动生产率，我们有望稳步提升、迎头赶上。

更为可贵的是，当前新一轮科技革命和产业变革方兴未艾，为我们带来了换道超车的宝贵机遇。新一轮科技革命和产业变革的特点是投入以人力资本为主，金融资本投入相对较少，而作为人口大国、人才大国，中国拥有规模庞大的高素质人才。作为全球最大的市场，中国也为新技术、新产品、新业态提供了广阔的应用场景。此外，中国还拥有全世界最完整的产业体系、最强大的工业配套能力，有利于加快创新脚步。去年全球494家独角兽企业中，中国有206家，数量位居世界第一，充分证明了我们的优势所在。

国际市场不确定性增强、全球产业链供应链因非经济因素而面临冲击、科技领域"卡脖子"问题等也给构建新发展格局带来了挑战，但从长远来看，我们完全可以成功应对这些挑战。

一方面，中国有强大的自主创新能力。过去，部分产品国内产出较少，有的是因为不具备相关技术，更多则是因为国内技术不够成熟、生产成本较高、良品率较低。将来，随着国内需求扩大，相关技术会走向成熟，成本也会逐步下降，跟世界先进水平的差距会越来越小。

另一方面，全球市场是一块大蛋糕。尽管个别国家推行保护主义、单边主义，但经济全球化的大趋势不会改变，中国市场的魅力不减，愿意同中国合作的国家、地区和企业还有很多。党中央提出构建新发展格局，绝不是关起门来封闭运行。中国在释放内需潜力、加强自主创新的同时，也将全面提高对外开放水平、营造良好外部环境，尽可能地利用好国际、国内两个市场、两种资源。这样一来，我们就能持续收获广阔的市场空间与合作机会，就能与友好国家一道分享中国经济发展和全球化红利，也就能实现"国内国际双循环相互促进"。

深化改革、扩大内需，从生产、分配、流通、消费入手畅通国民经济循环

畅通国民经济循环，最重要、最有效的手段就是深化改革。紧紧围绕十八届三中全会提出的"使市场在资源配置中起决定性作用和更好发挥政府作用"，深化改革，坚持和完善社会主义基本经济制度，就可以持续推动技术进步、产业升级、居民收入提高，从而实现经济高质量发展。

下一步深化改革的重点，应是要素市场化改革。改革开放40多年来，中国商品和服务市场发展迅速，但要素市场发展仍有不足，资源配置仍有扭曲。具体来看，在金融市场，要通过改革使农户、小微企业等得到更大力度的金融支持；在人才市场，要通过户籍制度改革等举措疏通人才跨区域流动的障碍；在土地市场，要深化农村集体土地制度改革。此外，还要坚持"两个毫

不动摇",打破各种不合理的市场准入限制,为民营企业投资兴业破除堵点。

畅通国民经济循环,还要扭住扩大内需这个战略基点,使生产、分配、流通、消费更多地依托国内市场。

在生产上,要保障产业链、供应链安全稳定,推动区域一体化发展。未来,中国制造业会逐步转向资本密集型、技术密集型,产业链会更复杂、更高端。要让产业形成足够竞争力,需要在京津冀、长三角、粤港澳大湾区、成渝经济区等足够大的区域内发挥各地比较优势,打造产业集群,形成规模效应,带动技术水平跃升。

在分配上,要兼顾效率与公平,进一步缩小收入差距。经济发展是一个结构变迁的过程,有关部门应为劳动者提供职业技能培训等必要支持。

在流通上,要进一步减少交易环节、降低交易费用、提高流通效率,让生产要素在区域和城乡之间高效流通、合理配置。

在消费上,则要提高居民收入水平、完善社会保障体系,以增强居民消费的能力和信心。

总的看来,中国拥有巨大的发展潜力,也具备强大的应变能力。让有效的市场和有为的政府"两只手"有机结合,共同发挥作用,我们就能不断释放发展潜力、提高发展质量,加快形成新发展格局。

以国内大循环为主体是发展的必然[①]

我想就"以国内大循环为主体、国际国内双循环相互促进的新发展格局"这个新论断谈两点心得：第一点是为什么要提出这个新论断，第二点是如何落实这个新论断。

关于中国的经济发展模式，惯常说法是，要充分利用国内、国际两个市场、两种资源。不少国内、国际学者进而认为，中国的经济发展模式是出口导向型的；在美国与中国发生贸易摩擦时，美方认为是因为中国推行出口导向的经济，才导致美国对中国的贸易逆差扩大。

假如我们的经济发展模式像中央现在第一次提出的，要以国内大循环为主体，那么，考虑到中国现在是世界第一大贸易国，中国经济发展模式的改变，将不只影响到中国自身，也将影响到全球。

---

① 本文根据林毅夫 2020 年 10 月 16 日在"再学习　再改革　再开放——浦东与深圳联动创新研讨会"上发表的演讲整理。

我个人的看法是，这个新论断的提出有短期原因，就是新冠肺炎疫情在全球大暴发，全球经济遭受到很大的冲击。不少学者认为，这次冲击是自20世纪30年代大萧条以来规模最大的一次。在这个局面下，国际贸易会萎缩，世界贸易组织之前预测，2020年的国际贸易可能收缩13%~32%。

因为中国是贸易大国，也是出口大国，中国的产品出口少了，当然更多要靠国内消化，这就是国内循环。另外，大家也知道，由于美国对中国高科技产业的不断打压，比如对华为实施"断供"，会影响到相关企业的出口，这些企业要继续发展，它们的产品就要更多靠国内市场来消化，在国内循环。

这是当前中央提出"以国内大循环为主体"新论断的短期原因。但是在像我这样研究经济发展的学者看来，中央之所以提出这一论断，更重要的原因在于，"以国内大循环为主体"是经济发展基本规律的反映。

虽然有人说中国推行的是出口导向型的经济，但出口占中国经济总量比重最高的年份是2006年，比值是35.4%，略高于1/3。到了2019年，出口占中国经济总量的比重只有17.4%，与2006年相比减少了约一半。2019年，中国经济总量的82.6%是在国内消化、国内循环的，这意味着中国的经济已经以内循环为主体了。

为什么中国的出口占经济总量的比重，会从2006年的35.4%下降为2019年的17.4%？这主要反映了两个基本经济规律：第一，国家的经济体量越大，国内循环的比重就越高；第二，服务业中很大一部分是不可贸易的，随着服务业在整个经济中的比重提高，出口在经济总量中的比重一定会降低。

第一，为什么出口比重与经济体量有很大关系？因为现代制造业规模经济大，小经济体发展现代制造业，由于它的国内市场有限，国内可以消化的比重偏小，因此生产出来的产品绝大多数要出口。反之，经济体量大的国家发展现代制造业，因为国内市场大，国内能消化的就多，所以出口的比重就低。

这方面，我们看一下新加坡。2019年，新加坡的出口占经济总量的比重高达104.9%，大家一定很奇怪，它的出口怎么会超过经济总量呢？因为出口中有很多零部件是先从国外进口的，待成品出口之后又计算了一次。我们的出口占经济总量比重最高的一年是2006年，也只有35.4%。这是因为中国是个大经济体，它的出口占经济总量的比重相对较低，因为新加坡是小经济体，当它发展现代制造业时，它的出口占经济总量的比重相对较高。

第二，出口比重与服务业有关。同样是大经济体，美国在2019年的出口占其经济总量的比重只有7.6%，连10%都不到。原因是什么？因为美国的服务业占其经济总量的比重达到了80%，其中有很大一部分是不可贸易的。所以，一个国家服务业占经济总量的比重越高，其出口比重就越低。服务业的发展水平与一个国家的经济发展、收入水平有关。

从上述两个角度分析，中国的出口比重从2006年的35.4%下降到2019年的17.4%，是因为2006年中国的人均GDP是2 099美元，经济规模占全世界的比重是5.3%。当年，中国的服务业占经济总量的 41.8%。到了 2019 年，中国的人均 GDP 超过 10 000 美元，达到 10 098 美元，经济总量占全球的比重从 2006 年的 5.3% 上升到 16.4%，2019 年是 2006 年的 3 倍，同时服务业占经济总量的比重从 41.8% 上升到 53.6%。

往前展望，中国的经济还会继续发展，收入水平还会继续提高。随着收入水平的提高，中国的经济占世界的比重，会从现在的 16.4% 增加到 18%、20%，慢慢地向 25% 逼近。中国的服务业占经济总量的比重会从现在的 53.6% 逐渐向 60%、70%、80% 逼近。在这两个因素的叠加之下，中国的出口占经济总量的比重，会从现在的 17.4% 逐渐降到 15%、12%、10%。也就是说，国内循环的比重会从现在的 82.6% 逐渐向 90% 逼近。所以，中国现在是，将来更会是，以国内循环为主体。

中央现在提出上述论断，澄清了一个事实：中国是一个大经济体，随着我们收入水平的提高，服务业在经济总量中的比重会越来越高，国内循环的比重会越来越大。

澄清这个事实很重要。过去人们总说，中国经济是出口导向型经济，国际上这么讲，国内也这么讲。2008 年国际金融危机，国外很多人说是因为全球贸易不均衡造成的，而全球贸易不均衡是因为中国推行了出口导向型的经济政策。国内也有人这么说。这是因为没有看到中国经济的实际情况。现在这个澄清有利于驳斥相关说法。

同时如果将中国经济看成出口导向型的经济，如果出口受到新冠肺炎疫情或中美贸易摩擦等的影响，那么给外界的印象会是，现在我们的出口表现不好，经济就不行了。现在中央出面澄清我们的经济是以国内大循环为主体，这有利于增强我们自己发展的信心。

现在讲中国经济要以国内大循环为主体，那么原先我们说的，要充分利用国内、国际两个市场、两种资源，就不重要了吗？我认为，国际循环跟过去一样重要。

我是北京大学新结构经济学研究院的院长，倡导新结构经济学。新结构经济学强调，发展经济要充分考虑各个国家、各个地区的比较优势。有比较优秀的产业，要发展得好，不仅要在国内市场流通，也应该进入国际市场。

中国是一个大经济体，按照购买力平价计算，是全世界第一大经济体，按市场汇率计算，是世界第二大经济体。按市场汇率计算，2019年，中国的经济总量只占世界的16.4%，这意味着国际市场还占83.6%。所以，中国有比较优势的产业，除了要充分利用国内市场、国内循环，也要充分利用那83.6%的国际市场。

按照比较优势发展，就意味着有很多产业我们是没有比较优势的。对中国来讲，许多自然资源是短缺的；在一些资本、技术很密集的产业，与发达国家比，中国也还不具有比较优势。另外，对于中国过去很有比较优势的劳动密集型产业，随着经济发展、工资水平上升，其比较优势会不断消失。对于没有比较优势的产业的产品，能进口当然要多进口。要利用好国际资源，这包括自然资源、技术资源和劳动力资源。而少数关系到国家安全、经济安全的，我们可能会被某些国家"卡脖子"的高科技产品，则不能采取进口的方式。

我们想一想，现在真会卡我们脖子的是哪个国家？欧洲国家没有积极性卡我们脖子，其在高科技产业上有比较优势，需要充分利用国内、国际市场。中国是全球最大的单一市场，欧洲国家会有积极性将具有比较优势的产品卖给我们。会卡我们脖子的是美国，我们发展得这么快，体量和影响力要超过美国了，它为了打压中国的发展，会对我们实施技术封锁，它这样做，是在牺牲利用中国的市场来发展美国经济的机会。

在这种状况下，对那些中国没有比较优势的高科技产品，我们要了解到，这些产品中的绝大多数，不仅美国有，欧洲有，日本也有。就像任正非先生所讲的，只要买得到，而且价格比自己生产更便宜，那就要买。对那些美国独有的产品，我们要发挥举国优势，自力更生。但我相信，美国独有的产品数量极少。

所以，在当前，经济要发展好，确实要以国内大循环为主体，但还是要国内国际双循环相互促进。

那么怎样才能真正循环起来？要实现以国内大循环为主体，最重要的是，必须让经济体量越来越大，让国民的收入水平越来越高。在这种情况下，经济体量在世界的占比以及服务业占经济总量的比重会越来越高，随之而来的必然是，出口比重下降，国内循环的比重越来越高。

怎样让经济体量越来越大？从经济发展的角度来看，需要不断实施技术创新、产业升级。在技术创新和产业升级方面，中国具有两大优势。

首先，在传统产业方面，中国有后来者优势。

2019年中国人均GDP是10 098美元，美国是60 000多美元，德国差不多是50 000美元，日本是40 000美元，都比我们高。它们的人均GDP比我们高，代表平均劳动生产水平比我们高，产业技术比我们先进，产品附加值比我们高。

不过，传统产业都是成熟产业，这意味着那些产业的大部分技术通过购买设备就能拥有，那些有技术的国家会乐意把设备卖给中国，否则没办法实现那些技术的价值。所以中国还是有引进技术、实现技术创新和产业升级的后来者优势。

后来者优势有多大，如何衡量呢？2010年，按照购买力平价计算，中国人均GDP是美国的19.2%，这相当于日本在1953年、新加坡在1970年、韩国在1980年相对于美国的水平。这些东亚经济体充分利用了与美国的收入差距所代表的生产力水平和产业技术上的差距，即利用这种后来者优势，日本实现了20年每年9.3%的增长，新加坡实现了20年每年8.4%的增长，韩国实现了20年每年8.4%的增长。这些东亚经济体利用了传统产业的后来者优势，实现了20年8%~9%的增长，代表中国利用同样的后来者优势，有实现20年平均每年8%增长的潜力。

实际上，我们在2010—2019年的平均增长率是7.42%，这与我的分析是很接近的。这意味着，展望未来10年，到2030年，我们还有年均8%的增长潜力。

其次，中国拥有上述东亚经济体在追赶阶段不具备的新经济革命的换道超车优势。

新经济有一个特点，它的研发周期特别短，投入以人力资本为主。有的是涉及软件的新经济，比如互联网、人工智能；有的是涉及硬件的新经济，比如大疆的无人机、华为的手机。中国是人口大国，人力资本多，产业和供应链齐全，在新经济革命上具有优势。根据胡润研究院发布的全球独角兽榜，2019年全球有494家独角兽企业，其中中国有206家，美国有203家。截至2020年3月31日，全球独角兽企业有586家，其中中国有227家，美国有233家。也就是说，在新经济的弯道超车方面，我们有和发达国家直接竞争的优势。

从上面提到的两大优势来看，虽然总是被人批评太乐观，但我个人仍然相信，中国经济有年均8%的增长潜力。

那么这个潜力怎么挖掘？一要深化改革，二要扩大开放。

怎么深化改革？中国改革是渐进的、双轨的，各方面改革的速度不一样，现在产品市场基本都放开了，但要素市场还存在很多结构性的障碍。

比如在金融市场方面，实体经济中有50%是民营的中小型、微型企业，还有农户，在以大银行、股票市场为主的金融体系中，它们的需求得不到满足，所以金融要实现服务实体经济的功能，在改革中需要补短板，为农户和中小微企业提供金融服务。在劳动力市场方面，要推动户籍制度改革，以利于人才流动；要解决高房价问题，让房价回归"房子是用来住的，不是用来炒的"的定位。在土地市场，要解决农村集体土地入市的问题，政策已经有了，就看怎么推行。在产权方面，要落实"两个毫不动摇"，要毫不动摇地巩固和发展国有企业，同时毫不动摇地鼓励、支持和引导民营企业的发展，要让民营企业在市场上不受因为产权安排的不同而形成的准入或运行方面障碍的影响。

在深化改革方面，经济特区应该扮演更重要的角色。中国的改革是渐进的、双轨的，在渐进过程中，深圳等经济特区要先行先试，效果好的改革要向全国推广。

在扩大开放方面，过去我们的开放也是双轨制的，符合比较优势的产业开放，不符合比较优势的产业不开放。现在需要以扩大开放来更充分地利用国际资源，一方面要降低关税，另一方面对外资要实施负面清单，而且清单范围应越来越小。在这方面，要扩大自贸区的范围，把在自贸区试点成功的政策在全国推行。这样我们可以充分利用外国资源，包括技术资源、金融资源。

中国进一步扩大开放，其他国家若要发展，也得利用它们国内、国际的市场，而中国是世界上发展最快的市场，它们不会加入美国封锁中国的行动中，如果美国想孤立中国，那么被孤立的反而会是美国自己。这有利于化解中国目前遭遇的不利局面。

总的来讲，面对百年不遇之大变局，我们要保持定力，认清形势，做好自己的事。最重要的是继续深化改革，扩大开放，利用我们的优势发展经济，提高我们的收入水平，这样国内循环的比重会继续提高。而且，继续深化改革、扩大开放，能够更好地利用国内、国际两个市场、两种资源。这样，中国的发展将不仅有利于自身，而且有利于世界其他国家。

新发展格局是必然和共赢的战略选择

当今世界正经历百年未有之大变局,国际经济、科技、文化、安全、政治等格局发生深刻调整,国内发展环境也经历着深刻变化。面对复杂的国内外形势,以习近平同志为核心的党中央深刻把握世界大势和发展规律,科学分析中国发展面临机遇和挑战的新变化,着眼中国经济中长期发展,做出加快形成以国内大循环为主体、国内国际双循环相互促进的新发展格局的战略决策。

新发展格局是与时俱进的必然之选

构建新发展格局是以习近平同志为核心的党中央根据中国发展阶段、环境、条件变化提出来的,是重塑中国国际合作和竞争新优势的战略抉择。

短期看,新冠肺炎疫情全球大流行使当今世界经历的百年未有之大变局加速变化，世界经济低迷，全球产业链供应链受到冲击。世界贸易组织 2020 年 4 月初曾预测，2020 年全球贸易将缩水 13%~32%，国际市场不确定性增强，中国出口也将受到外部需求下降的影响，需要加快释放内需潜力，激发国内大循环活力。

更重要的原因在于，长远来看，出口对中国经济的拉动作用逐渐减弱。2006 年，中国出口占 GDP 的比重为 35.4%，2019 年，中国出口占 GDP 的比重降至 17.4%，与 2006 年相比减少了约一半，这一年中国 82.6% 的国民经济是在国内实现循环的。

出现这种变化有两方面原因。一方面，从发展规律和国际经验看，现代制造业规模经济大，经济体越大，其国内市场规模越大，国内消化产出产品的能力越强，GDP 越多地依靠国内循环。2006 年，中国人均 GDP 为 2 099 美元，GDP 占世界经济总量的比重为 5.3%，到了 2019 年，中国作为世界第二大经济体，人均 GDP 提升到 10 098 美元，GDP 占世界经济总量的比重达 16.4%。随着中国成为更大的经济体，出口占 GDP 的比重随之降低。另一方面，随着中国居民收入水平不断提高，产业结构发生变化，服务业占 GDP 的比重越来越高，由 2006 年的 41.8% 提高到 2019 年的 53.9%。受这两方面因素影响，出口对中国经济的拉动作用逐渐减弱。

事实上，自 2008 年国际金融危机以来，中国经济一直在向以国内大循环为主体转变，国内需求对经济增长的贡献率有 7 个年份超过了 100%，2019 年，国内消费对经济增长贡献率达到

57.8%，国内资本形成的贡献率则达 31.2%，两项加起来为 89%，消费连续 6 年成为经济增长第一拉动力。随着中国的发展，收入水平进一步提高所带来的经济体量的扩大和产业结构的变化所带来的服务业比重的增加，市场和资源两头在外的国际大循环动能明显减弱，经济发展决定于国内经济循环的特征会更加明显。可见，构建新发展格局是经济发展规律在当前阶段的体现，是实事求是、与时俱进的论断，是必然的战略抉择。

同时，新发展格局也是共赢的战略抉择，它不是封闭的国内循环，而是开放的国内国际双循环。

国际贸易有利于各国利用自身比较优势进行互补，让交易双方均以更低的成本获得想要的商品和技术，以实现互利共赢。此外，全球化趋势亦是不可逆转的。因此，新发展格局一定是内外循环双轮驱动，国内、国际两个市场、两种资源优势互补。2008年以来，全世界每年 30% 的增长来自中国，中国成为世界最重要的市场扩张动力来源。新发展格局将使中国在世界经济中的地位持续上升，成为吸引国际商品和要素资源的巨大市场，并将中国发展红利与世界共享，有利于中国也有利于世界。

深化改革以畅通国民经济循环

构建新发展格局，要坚持供给侧结构性改革这一战略方向，利用好中国的发展潜力和空间，扭住提高收入、扩大内需这一战略基点，使生产、分配、流通、消费更多依托国内市场，提升供给体系对国内需求的适配性，形成需求牵引供给、供给创造需求的更高水平动态平衡。

在生产层面，要保障产业链供应链安全稳定、推动区域一体化发展，强化产业链、供应链既要注重以改革促创新，也要打开大门搞创新，在全球范围内更好地配置资源、共享资源。要让产业形成足够的竞争力，需要在京津冀、长三角、粤港澳大湾区、成渝经济区等足够大的区域内发挥各地比较优势，打造产业集群，形成规模效应，带动技术水平跃升。分配层面应在一次分配中注重公平与效率的统一、二次分配中更注重公平，要继续完善市场在资源配置中的决定性作用，让各地充分按照比较优势发展，同时深化财税体制改革以提高二次分配的能力，进一步缩小收入差距。在流通上，要进一步减少交易环节、降低交易费用、提高流通效率，让生产要素在区域和城乡之间高效流通、合理配置。消费层面则需要不断提高居民收入水平、持续完善社会保障体系，以增强居民消费的能力和信心。

畅通国民经济循环，最重要、最有效的手段就是深化改革，以深化改革激发新发展活力。让市场在资源配置中起决定性作用，政府发挥好因势利导的作用，更好地释放增长潜力，推动产业不断升级、技术不断创新，保持经济高质量发展，不断提高收入水平，不断满足人民对美好生活的期望，让经济不断良性循环。

改革是解放和发展社会生产力的关键，经过40多年的改革开放，中国取得了举世公认的伟大成就。迈入新发展阶段，改革面临新任务，我们必须以更大的勇气、更多的举措破除深层次体制机制障碍，坚持和完善中国特色社会主义制度，推进国家治理体系和治理能力现代化。目前，中国商品和服务市场发展迅速，但要素市场发展仍存在堵点，应加快要素市场化改革。具体而言，在资本要素的金融市场，要通过结构改革补中小金融短板，让农户、中小微企业等市场主体得到更多金融支持；在人才市场，要通过户籍制度改革和让房子回归用来住的功能等举措疏通人才跨区域流动的障碍；在土地市场，要深化农村集体土地入市制度改革。

深化改革的过程中，一定要用好政府和市场"两只手"。劳动生产率水平的不断提高，需要不断进行技术创新和产业升级，而技术创新和产业升级需要企业家奋发有为，有效市场能提高企业家的创业热情和积极性，但这一过程中必然会出现一些只靠企业家自身难以解决的市场失灵问题。因此，政府不能缺位，要理顺"两只手"的关系——市场有效要以政府有为为前提，政府有为应以市场有效为依归，使市场在资源配置中起决定性作用，更好发挥政府作用，营造长期稳定可预期的制度环境，进一步激发市场主体发展活力，使经济发展的动力充分涌流，不断提高发展质量，加快形成新发展格局。

第 4 章

创新如何激发社会活力

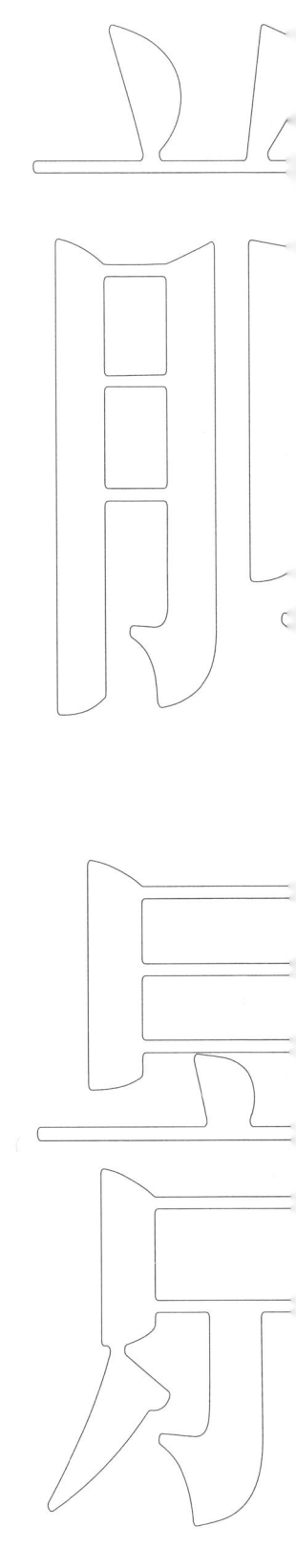

要释放和保护每个人的创造力[1]

费尔普斯教授是经济学界的泰斗，我在美国读书时，曾经读过他的很多著作，受益良多，因此他也相当于我的老师。今天有机会参与基于他的新书《活力》的对话研讨，我感到十分荣幸。

首先祝贺费尔普斯教授的又一力作出版。这本新书可谓恰逢其时，因为世界正面临诸多挑战，可以说是新旧挑战叠加。一方面，2008年金融危机对全球的影响还没有完全过去，很多伤痛尚未痊愈；另一方面，新冠肺炎疫情对经济造成了冲击，人类面临健康危机与经济危机的双重挑战，而且这种挑战对于不同国家又是不均等的。不仅如此，各国还承诺要在2030年前实现可持续发展目标，但有些国家进展顺利，有些国家明显掉队了。人类还面临气候变化这个共同的重大挑战。

应对这些挑战的唯一途径，就是通过创新来构建充满活力的

---

[1] 2021年7月30日，2006年诺贝尔经济学奖得主埃德蒙·费尔普斯与林毅夫、清华文科资深教授、苏世民书院院长薛澜教授进行线上对话。本文根据林毅夫的演讲及对费尔普斯的新书的点评整理。

社会，实现经济的持续增长，这需要我们思考和探索激发创新与保持活力的方式方法。

这本书对中国很重要。因为中国今年刚刚实现第一个百年奋斗目标，即在建党一百周年时全面建成小康社会，同时也实现了全面脱贫目标，正在开启新征程，即在 2035 年基本实现社会主义现代化，在中华人民共和国百年华诞之际（2049 年）成为社会主义现代化强国。

为实现这些目标，中国需要不断提高收入水平，需要通过技术创新和工业化提高生产力。这并不容易，因为在实现目标的过程中，中国会遇到人类历史上从未出现过的诸多挑战。

比如，中国的中等收入人口有 4 亿，到 2035 年前会增加 4 亿，2049 年前将再增加 4 亿。如此大规模的中产等收入人口在如此短的时间内出现是人类发展史上前所未有的。中等收入人群向往好的生活质量、生活环境，并且兴趣广泛。不管他们有什么样的需求，只要其是有益的，都应该得到满足。但与此同时，我们还要兼顾气候变化和资源有限性带来的挑战。

这本书传达的精神非常值得我们思考：只有通过持续创新才能实现经济的蓬勃发展。

如何促进这种创新？这本书提到，刻板印象认为，推动技术从一个前沿突破到另外一个前沿的必须是在实验室工作的科学家。诚然，这个技术创新群体很重要，但并不构成所有创新的主体。构建一个创新社会需要依靠每个公民的创造才能，需要万众创新，只有这样才能保持充满活力的经济增长，对中国和世界而言都是如此。

这本书的论证启发我们深入思考：如何才能释放每个公民身上的创造天赋，实现万众创新？为此，我们需要塑造一种价值观，即让人们知道创新是与生俱来的能力，认识到我们应该尊重人人皆有的创新能力。我们还需要创造一种文化，一种包容不同的意见和做事方式的文化。只有在这种文化下，每个公民身上的创新能力才能被释放出来。当然，我们的体制也需要起到鼓励、帮助和保护创新的作用。

总之，这确实是一本对整个世界颇有意义的书，相信它会像费尔普斯教授的另一本力作《大繁荣》一样让大家受益良多。《大繁荣》为我们树立起构建繁荣社会的信心，而这本书又为我们指明了实现目标的道路。

创新要注重教育，不要过于担心垄断

中国需要改进自己的创新政策。正如费尔普斯教授所言，中国的读者高度重视他的著作并获益匪浅，中国肯定是有进步空间的。

根据这本书的内容，也根据我和学生的互动感受，我同意创新是每个人与生俱来的能力，而这种能力能否蓬勃发展则取决于环境。我们需要创造一种环境，鼓励人们将自己的想法付诸实践。过去有很多相关的至理名言，比如我们常说"失败是成功之母"，如果不允许人们失败，就没有成功的基础，我们需要让这些智慧再放光芒。有人尝试新的东西，即使失败了我们也应该尊重他们，应该包容他们的失败。不要惧怕失败，也不要藐视失败。

说到学校和政府层面，我们有个成语叫"百花齐放"。我们要允许并鼓励人们尝试新的事物，保护每个人的独特性，只有这样才能释放出人们与生俱来的创新潜力。

如果一家企业或一个人有创新能力并因此获得成功，这是好事，不过也可能有副作用。比如，如果一家企业或一个人过于成功，就会形成垄断，给社会和经济造成损失。但是我们不要在这一点上杞人忧天，如果真的出现了垄断，势必会给社会带来不良影响，我们可以到时候再加以解决，而不是一味地提前避免。如果我们总想着避免垄断，就会扼杀人们的创新能力。

这是我的观察，中国可以从至理名言中重新汲取智慧。我认为中国完全有能力提升创新水平，并在今后几年实现有活力的经济增长。

创新能给创新者带来满足感，这就是一种重要的回报。物质回报和社会认可固然重要，但是在从无到有的创造过程中收获的自我满足感和充实感，对创新者来说才是最大的回报。

创新的普及与引进

发展中国家（不管是中国还是非洲国家）现有的技术和产业肯定落后于发达国家。但与发达国家之间的差距，也意味着技术扩散普及的空间非常大。我们可以引进发达国家的先进技术，但如何引进、如何运用至关重要。

成功的技术引进、消化取决于一个国家的发展程度。创新必须符合一个国家的要素禀赋结构和比较优势。要想有竞争力，就要发展符合本国要素禀赋的产业，从而发挥低生产成本优势。如果禀赋结构升级，则需要采用新的资本密集型技术，同时要发展资本密集型产业，这样就可以引进、消化与自身发展程度相容的技术。基于这一原则做选择就可以从后来者优势中获益。如果不遵从这一务实原则，就会产生不好的影响。在收入水平还很低、技术水平还很落后的情况下想马上发展前沿科技的勇气可嘉，但大概率会失败。所以，从一个国家自身的发展水平出发来引进、消化、吸收新技术，这一点非常重要。

发展中国家有很多进行技术借鉴的机会。技术借鉴本身也是一种创新，因为这项技术是新的，即使是从国外借鉴过来，我们也需要进行很多调整，使其与当地条件相适应，这样才能让这项技术在本土发挥最大的作用。因此，从新结构经济学的角度看，技术借鉴和技术适应也属于一种创新。

创新与经济复苏

我们首先要控制住新冠肺炎疫情的蔓延，这需要依靠技术，依靠疫苗接种。各国政府和国际社会要确保民众接种疫苗，越快越好，这样才能让生产和生活恢复正常。在那之后，我们需要激发公民创新和创业的潜力。假如政府能够创造一个让创新的潜力得以释放的环境，那么每个国家都有机会实现有活力的经济增长，提升收入水平，消除贫困，应对气候变化的挑战，并在2030年前实现可持续发展目标。

创新的关键理念与举措[①]

习近平总书记在对"十四五"规划和 2035 年远景规划提出建议的时候谈了一个想法，希望中国能够在 2035 年实现 GDP 规模或是城乡居民人均收入水平在 2020 年的基础上翻一番。

要实现这个目标，2021—2035 年，中国每年平均经济增速要达到 4.7%。如果这个目标能够实现，到 2025 年时中国人均 GNI 应该可以超过 12 535 美元，成为高收入国家。这将是中华民族伟大复兴的重要里程碑，从世界角度看，这也是改变人类命运的重要成就。

到目前为止，生活在高收入国家的人口只占世界总人口的 18%，中国人口占世界人口的比重也是 18% 多一点。这意味着，如果到 2025 年中国成为高收入国家，那么全世界生活在高收入国家的人口数量会翻一番。

---

① 本文根据林毅夫 2021 年 4 月 17 日在长三角论坛上发表的演讲整理。

按购买力平价计算，中国的 GDP 在 2014 年就已经超过美国，但是按照市场汇率计算，中国现在的经济规模还只是美国的 70% 左右。如果能够实现习近平总书记的预想，到 2030 年左右，即使按照市场汇率计算，中国也会超过美国，成为世界第一大经济体。

2020 年，中国人均 GDP 按美元计算大约是 11 000 美元（最终数字还未公布，我估计会在 11 000~11 500 美元）。如果能实现翻一番的目标，2035 年中国人均 GDP 可以达到 22 000~23 000 美元（按照 2020 年的美元汇率计算），达到中等发达国家水平。

上述目标的实现，将是全面建设中国社会主义现代化国家新征程的重要里程碑。为了达成这一发展目标，需要做到 4.7% 的经济增长。这依靠什么来实现呢？答案是技术不断创新、产业不断升级。

今天我要谈的就是中国在技术创新和产业升级方面具备哪些有利条件，面临哪些挑战，以我这些年倡导的新结构经济学理念来分析，如何抓住有利条件来克服这些挑战，实现习近平总书记提出的发展目标。

中国发展的潜力与有利条件

所谓技术创新，是在下一次生产时所用的技术比现在用的技术好；所谓产业升级，是下一次进入的产业的附加值比现在的产业附加值高。

虽然发达国家和发展中国家为了持续发展都需要进行技术创新和产业升级，但是发达国家与发展中国家有一点不同：发达国家收入水平高，意味着其劳动生产力水平高，其产业技术已经处于世界前沿，产业附加值已经很高了。在这种状况下，发达国家要进行技术创新和产业升级，就只能靠自己发明。然而，发明的挑战很大、投入很高、风险也很大。2008年国际金融危机发生之前的100多年间，欧美发达国家的年均经济增长速度只有3%～3.5%。发展中国家现在的收入水平低，意味着其劳动生产力水平低，产业技术不是很好，产业附加值也不是很高。发展中国家的技术和产业与发达国家有差距，这就给发展中国家提供了一种可能性，即通过引进发达国家比我们先进的技术或是附加值比我们高的产业，实现技术创新和产业升级。通过这种方式，发展中国家进行技术创新和产业升级的成本、风险都会比发达国家小，因而就有可能比发达国家发展速度更快。

改革开放以后，中国实现了42年年均9.2%的增长，是发达国家年均经济增速的3倍。其中的原因有很多，比较重要的一点就是利用了新结构经济学所讲的后来者在技术创新和产业升级方面的优势。

中国利用后来者优势已经有42年了，这一优势对我们来说还有多大空间，关键是要看我们现在的人均GDP所代表的平均劳动生产力水平与发达国家生产力水平的差距还有多大。

2019年，按照购买力平价计算，中国的人均GDP是14 128美元，相当于美国同年水平的22.6%，所以我们和发达国家之间还有相当大的差距。

德国、日本、韩国的人均GDP达到美国的22%左右的时间分别是1946年、1956年和1985年。随后，德国、日本、韩国分别实现了连续16年年均9.4%、9.6%和9%的经济增长。

它们能实现这样的增长，就代表中国也有可能实现。从这个角度来讲，中国在2019—2035年的16年间应该能实现年均9%的增长。

除此之外，今天的中国与1946年的德国、1956年的日本、1985年韩国相比，还有一点不同。我们出现了新工业革命。新工业革命的特性是产品研发周期更短，需要投入金融资本，更需要投入人力资本。这种特性给中国这样的人力资本大国带来了很大的发展空间。因为老牌工业化国家的资本积累了二三百年，而我们的资本主要是通过改革开放以后40多年来的快速发展积累起来的，跟它们有不小的差距，但是，在人力资本方面，我们和它们的差距没那么大。

人力资本主要来自两部分：先天的才能与后天的教育学习。先天的才能是父母给予的，这方面很公平。聪明才智是常态分布的，天才的数量大约占总人口数的1%，在任何国家、任何民族基本上都一样。按照这个比例计算，中国是世界上人口最多的国家，天才也应当最多，因此在发明创新方面也应该有优势。在后天的教育方面，中国这些年在幼儿园、小学、初中、高中、大学、研究生等教育阶段的投资和追赶力度很大，与发达国家的差距在不断缩小。

由此可知，中国具备人力资本优势，符合新工业革命的需求，这种新优势是当年的德国、日本和韩国在追赶美国期间所没有的。

我们的这种优势可以通过一些指标来体现，比如，新工业革命中很重要的独角兽企业，即成立不到 10 年，还没有上市，但市场估价超过 10 亿美元的企业。2019 年，全世界有 484 家独角兽企业，中国有 206 家，美国有 203 家，我们略多于美国。2020 年，全世界有 586 家独角兽企业，美国有 233 家，中国有 227 家，我们只比美国少 6 家。因此可以说，中国在新产业革命上的优势与美国相比是不相上下的。

综上，不论是从后来者优势，还是从新产业革命提供的机会来看，我们都应该对未来的发展充满信心。

如果我们有 9% 的增长潜力，要实现习近平总书记所讲的 4.7% 的增长，就像一辆最高时速可达 200 公里的汽车，每小时跑六七十公里一样，是相对容易的。

未来的三大挑战

不论是从潜力还是从可能性来讲，我们都有很大的信心，但是大家也知道，中国在发展方面也面临不少挑战。

第一个挑战是人口老龄化。

人口老龄化确实在国内已经出现，有些学者或者舆论比较悲观，认为如日本等出现人口老龄化的国家经济增长速度都非常慢，我们可能也会这样。但我认为不能简单类比。

首先，人口老龄化对中国不是没有影响，但中国与其他发生人口老龄化的国家有很大的不同。其他国家出现人口老龄化的时候，基本上都已经是高收入国家了，它们的产业技术已经处于世界最前沿了。大家知道，经济增长速度主要来自两部分：一是劳动生产力水平的提高，这要靠科技和创新；二是劳动力的增加。人口老龄化意味着劳动力人口数量会不增长，或增长很慢，甚至下降。

发达国家人均收入水平的年均增长为2%，总人口新增（包括出生率高于死亡率，或外来劳动力进入）率为1%~1.5%的前提下，整体经济实现了3%~3.5%的增长。那些高收入的人口老龄化国家，没有人口增长，只能依靠提高劳动生产力水平，依靠技术创新，所以增长由3%~3.5%降到了2%左右。

而中国还是中等收入国家，我们依靠后来者优势在技术创新和产业升级上的空间非常大。这种状况下，即使人口不增长，我们仍然能够通过把人口从比较落后的技术和产业转移到生产力水平更高和附加值更高的技术和产业，把引进先进技术作为技术创新和产业升级的来源，以此提高劳动生产率，所以我们的发展的空间还很大。

其次，中国的退休年龄比发达国家早很多，男性退休年龄是60岁，女性退休年龄是55岁，发达国家的退休年龄一般在65岁以上。如果人口老龄化会让劳动力供给变少，我们也可以通过延长退休年龄来增加供给。

最后，劳动者的素质更重要。劳动者的先天素质很难被改变，但可以通过后天的教育使每个劳动者拥有更多的能力。

综上，我认为中国的人口老龄化固然是一个问题，但我们不会像发达国家那样降到仅有2%左右的增长。在人均GDP达到美国的22.6%之后的16年内，德国年均人口增长率是0.8%，日本年均人口增长率是1%，韩国年均人口增长率则是0.9%。中国现在的年均人口增长率是0.3%，到2035年可能降到0。即使受到人口增长因素的影响，我相信中国经济从2020年到2035年还有8%的增长潜力。

第二个挑战是中美摩擦和竞争。如前所述，对后来者优势的利用有赖于把引进技术作为技术创新和产业升级的来源，那么，美国对中国"卡脖子"，会阻碍中国利用后来者优势吗？我们可以想想看，美国在一些关键技术领域处于世界领先地位，要领先就需要大量的研发投入，研发成功以后，美国将如何获得收益呢？当然是市场越大，收益就越大，如果美国卡中国的脖子，不把技术卖给中国，它就无法利用中国这个市场。中国现在是世界上最大的单一市场，美国如果不把技术卖给中国，它的利润就会大幅缩减，甚至亏本。利润不高或亏本，继续研发的投入就会降低，想维持技术领先地位，就会力不从心。美国卡中国的脖子是为了实现维持霸权的政治目标，但也会牺牲自己的经济利益。

同时，我们也知道，现在世界上的大多数前沿技术不止美国有，德国、日本、法国、韩国等国家都有。美国有没有可能联合这些发达国家共同对中国进行技术"卡脖子"呢？这是美国希望的。拜登上台以后，也想让其他发达国家不把技术卖给中国，但问题是，其他发达国家会听美国的话吗？

美国卡中国的脖子，这一战略在本质上是"杀敌一千，自损八百"。美国使用自损八百的策略是为了维持世界霸权，但德国、日本这些发达国家如果和美国联合卡中国的脖子，它们自己同样要自损八百，它们为什么要以自损的方式去维护美国的霸权呢？因此，德国总理默克尔在跟拜登通话时讲得很清楚，她不希望选边站，而希望维持和中国的关系，继续利用中国的市场优势。法国、日本、韩国等发达国家也是同样的立场。

虽然美国有卡中国脖子的想法，但它最后真正能卡我们脖子的技术非常少，因为绝大多数技术我们可以从其他国家获得。那些只有美国才有的极少数技术，只要我们下定决心，利用新的举国体制，一定能取得突破。

从过去的经验来看，中国一旦掌握了某项技术，这项技术相关的生产成本就会下降，中国能把成本控制到全世界最低。所以，如果我们在被"卡脖子"的技术上实现了攻关，我想美国的企业会非常后悔，因为它们失掉的不仅是中国的市场，还可能是全世界的市场。

如果把这点考虑进去，我相信"卡脖子"对中国发展潜力的影响不会太大。

第三个挑战是碳达峰、碳中和等高质量发展目标。

中国的情况与德国、日本、韩国当初的经济追赶阶段还有一点不同，就是全球的环境压力变了。这些国家在追赶阶段没有全球气候变暖的问题，还可以使用煤炭等高排放但成本低的成熟技术。如今全球通过了《巴黎协定》，要一起实现碳达峰、碳中和，共同控制全球温度的上升，我们必须多使用绿色技术、再生能源技术等新技术。传统企业必须把传统能源转换成新能源，这样做成本会高一些。但这对企业的影响是双方面的，尽管有挑战，也会带来巨大的机会。

综合来看，中国有9%的发展潜力，减掉人口老龄化造成的1%的影响，还有8%，再考虑应对美国科技战需要自主创新的要求，以及在能源、环保方面的压力，我相信到2035年之前，中国可以游刃有余地实现年均4.7%甚至更高的增长，到时中国可以初步建成一个社会主义现代化国家。这是中国现代化建设过程中的重要里程碑，一方面需要所有企业家共同努力，另一方面也会给所有企业家带来发展的机遇。

打造创新策源地的核心竞争力[①]

新结构经济学破解区域发展难题

现阶段,我们缺乏国内经济理论的研究,现有经济理论难以解释新中国的经济现象。而新结构经济学的开创正是为了填补国内理论在发展中国家经济现象研究上的空白。

不同于以发达国家作为理论参照系的传统经济学,新结构经济学致力于总结中国和其他发展中国家的发展经验,形成适合发展中国家国情特点和产业禀赋的自主理论创新体系。新结构经济学是以马克思唯物辩证法和历史唯物主义为指导,借鉴新古典经济学的方法,总结中国和其他发展中国家发展成败经验所形成的社会科学自主理论创新体系。

此次落户南京江北新区的新结构经济学知识产权研究院,则

---

① 本文根据林毅夫 2020 年 5 月 21 日接受中国经济信息社分析师采访时的发言整理。

是中国首家运用新结构经济学的理论框架，专门从事知识产权理论和政策实践研究的机构。

新结构经济学认为，一个经济体在每个时点上的产业和技术结构内生于该经济体在该时点给定的要素禀赋结构，与产业、技术相适应的软硬基础设施也因此内生决定于该时点的要素禀赋结构。

简单来说，如果一个经济体要快速提高资本积累，最好的办法是在每个时点按照要素禀赋结构决定的比较优势选择技术、发展产业，这样企业的要素生产成本最低，具有自生能力；当经济中的软硬基础设施合适时，交易成本最低，形成的竞争力最强，生产的剩余价值最大，资本回报最高，资本积累的积极性最强，产业升级和收入增长也最快。在此过程中，发展中国家可以利用后来者优势，实现比发达国家更快速的技术创新和产业升级，进而促进经济发展。

根据产业与世界前沿的差异和技术研发的周期，新结构经济学将中国的产业划分为五种类型，即领先型产业、追赶型产业、换道超车型产业、转进型产业和战略型产业。

当前，伴随着新一轮科技革命和产业革命，全球创新活力竞相迸发，为经济社会发展注入了新动能。以新结构经济学的视角来看，创新的方式必须与不同发展阶段的产业和技术的比较优势相结合，这样才能推动经济的可持续发展。无论处于什么发展阶段，一个国家的经济若要不断发展，都需要有新技术和新产业不断涌现，通过创新持续提高生产力水平；同时，创新必须与一个经济体的比较优势相结合,这样才能有最高的回报,才能最有效地贡献于经济的可持续发展。

新结构经济学知识产权研究院落地江苏南京江北新区,一方面得益于各级地方政府的支持,另一方面源自江苏作为产业大省与新结构经济学理论的天然适配性。

研究院将秉承"开放研究、合作创新、优势互补、协作共赢"的原则,聚焦国家高质量发展中的重大政策性、战略性、前瞻性问题,以知识产权为特色方向,拓展新结构经济学的理论和实证研究,努力建成立足南京、辐射长三角、连通全球,具有较强国际学术影响力、决策影响力、公众影响力的高水平决策咨询智库和人才培养基地,为推进长三角一体化国家战略、破解区域经济发展难题提供理论支撑和人才支持,为全国乃至全球发展提供智慧和经验借鉴。

我期待研究院能够在江苏省知识产权局、南京市人民政府和学校的大力支持下,抓住时代机遇,深化新结构知识产权理论体系研究,引领新的理论和政策思潮,践行"知成一体",贡献于江苏省、长三角乃至全国的高质量发展。

知识产权保护激发创新活力源

自2015年6月江北新区成立以来,新区聚焦"两城一中心",主导产业实施科技创新,加速建设具有全球影响力的创新名城先导区。高端创新资源加速集聚,使国内外顶尖高校的众多创新平台相继落户江北新区。围绕产业链布局创新链，江北新区的备案新型研发机构和高新技术企业数量逐年增加，经济高质量发展驶入快车道。

在外部环境明显变化和经济下行压力加大的态势下，江北新区依然"跑"出了连续8个季度GDP增速高于全市5个百分点的"加速度"，这些成绩与江北新区这5年来的创新发展战略密不可分。

自成立以来，南京江北新区从提升知识产权创造、保护和管理能力等方面入手，加快知识产权整体规划，突破知识产权体制机制改革，建设省级知识产权服务业集聚发展区，并通过不断完善知识产权管理体制充分发挥企业生产经营活动各要素的效能，提高企业的市场竞争力，优化创新环境，扩容创新生态，推动了自主创新先导区高质量建设。

从新结构经济学的视角，我们认为，政府应该在产业、技术结构升级中发挥因势利导的作用，深化改革，完成向市场体制的转型。对于接近或已处于世界产业链前沿的产业，按发达国家的做法，在产品和技术创新上，政府应建立比较好的专利保护和知识产权保护，鼓励创新。

科技创新和制度创新"双轮驱动"是南京江北新区打造具有国际影响力的创新策源地的核心竞争力。南京江北新区积极调整产业政策，因势利导，发挥知识产权引领作用，打造具有国际影响力的创新策源地。

经过改革开放以后40余年的快速发展，中国已经进入新时代，经济由高速度增长转变为高质量发展，这种发展阶段的变化也意味着中国创新方式的调整。

江北新区有越来越多的产业开始接近世界技术前沿水平，甚至已经做到了世界领先，这些领先型产业（如集成电路产业）的技术进步来源于自主创新；在一些新的、以人力资本投入为主的短研发周期的换道超车型产业（如新能源汽车产业），江北新区具备和发达国家直接进行竞争的比较优势。在上述几种类型产业的发展中，知识产权的保护对推动自主创新活动的开展至关重要。

此外，对于那些现阶段仍处于以技术引进、消化、吸收、再创新为主的追赶型产业（如生物医药产业），或者失去比较优势、需要把产业转移出去的转进型产业（如传统的纺织产业），则需要从动态发展的角度去考虑知识产权对这些不同类型产业的技术创新的不同作用。

未来，江北新区应该依托集成电路、生物医药、新金融等主导产业，积极形成产业集群，融入长三角一体化。在一体化过程中，江北新区应该按照比较优势进行分工，通过长三角一体化使江北新区形成有效产业集群，将比较优势变成竞争优势，进而推动生产力进一步发展。

具体而言，江北新区应该坚持扩大总量与提升质量并举、新兴产业与传统产业齐抓，加快构建现代化产业体系；做大"芯片之城""基因之城"，全力推动传统产业动能转换；支持中车南京浦镇车辆有限公司、南京汽车集团有限公司等骨干企业培育更多新增长点；以提高新材料产业占比为目标，加快实现"腾笼换鸟"；主动对接上海临港新片区，加速宁淮特别合作区建设；深化省际毗邻地区协同发展，完善长三角软硬基础设施，实现与滁州、马鞍山等地的多点对接；以中车生产基地为纽带，建好顶山—汊河一体化发展示范区，积极打造先进制造业转型转移与跨区域发展合作典范。

应对疫情挑战要为企业提供强支撑

在新冠肺炎疫情暴发前，包括世界银行和国际货币基金组织在内的国际组织已经多次下调世界各国经济增长的预期，全球特别是发达国家的经济已经走软。而疫情导致的隔离或封城措施，对已经处在下滑通道的经济体而言更是雪上加霜。美国、日本等发达国家和地区现在已经是零利率或负利率的政策了，除了采用非常规的数量宽松政策，没有多少其他货币政策可用，政府财政积累的负债率也已经很高了。

为了应对疫情期间失业率的剧增，维持社会的稳定，有些国家不得不出台高达 GDP 的 10% 甚至 20% 的超常规财政援助措施，但收效有限。按照国际货币基金组织的预测，2020 年美国经济可能下滑 5.9%，比 2020 年 1 月的预测下调 7.9 个百分点，欧元区今年经济可能下滑 7.5%，比 2020 年 1 月的预测下调 8.8 个百分点，全球经济可能下滑 3.0%，比 2020 年 1 月的预测下调 6.3 个百分点。回过头看，2008 年的国际金融危机引发了全球动荡，导致全球经济进入历时10多年的衰退调整期,深刻改变了发达国家与发展中国家之间,以及发达国家内部的力量格局。疫情和油价等因素带来的经济下滑压力和不确定性,已经触发了发达国家由这10多年来宽松货币政策支撑起来的股市的崩盘,很有可能演变成一场全球性的经济危机。

中国是世界第二大经济体,也是最大的出口国,疫情对中国国内经济的影响也很大。疫情最大的影响是同时冲击了需求和供给,还带来了巨大的不确定性。一方面,全球疫情暴发使需求大幅萎缩。虽然线上购物和线上娱乐产业有较大幅度增长,但线下产业受到了很大影响。疫情也冲击了供给端,对城市和农村都造成了一定程度的影响。比如,城市失业率从5.2%上升到6.2%,上升了100个基本点,2020年3月开始复工复产,但失业率仍然高达5.9%。相比之下,2008年全球金融经济危机发生时,处于最高点时的失业率从4.0%上升到4.3%,只提高了30个基本点。由于农产品外运困难和农民工外出困难,农村就业不足的情形会加剧,这会导致农村家庭和低收入人群的生活受到影响。

另一方面,外贸确实会不可避免地受到国外疫情和经济衰退甚至萧条的不利影响,而且下降幅度会比较大。2020年1月和2月中国的出口同比下降了17.2%,3月开始复产复工以后,除了口罩、防护服、检测盒、呼吸机等防疫必要物资的订单,许多外贸企业的出口订单被取消,出口下降幅度达3.5%,整个一季度出口下降达11.4%,作为自贸区的江北新区也受到了较大的影响。在当前形势下,中国的增长必须依赖国内市场和需求。应对经济危机时，拉动投资是很重要的对策，但这次还需要同时保护家庭、保障消费，帮企业渡过难关。

中国和江北新区一定要给予中小微企业等市场主体更大力度的支持，比如减免租金、减免税收、减低税率、推迟社保医保缴费、推迟偿还贷款本息、提供新的贷款等。

一定要重视中小微企业，提高中小微企业生存发展能力。在中国，中小微企业提供了大量就业机会，同时中小微企业也是很多全球产业链的重要组成部分，中小微企业的破产、倒闭会带来失业的增加。保障它们的生存是保证中国渡过难关后维持全球制造业大国地位的必要举措，所以，保护企业也就是保护中国的就业和维护中国经济的根基，此事宜急不宜缓，出手要快，不能迟疑。

中国发展实践是理论创新的"富矿"[①]

有效市场是前提

1989年,我在《瞭望》上提出"改革的前途在于确立新的发展战略",当时中国正在推进经济转型,需要了解过去计划经济产生的原因是什么。推行计划经济是为了快速实现赶超,当时发展的产业是违反比较优势的,企业在开放、竞争的市场当中没有自主生存能力,只能靠政府保护、补贴,由政府直接动员资源、配置资源,以计划经济的方式把那些产业发展起来。

经济转型的目的是要从计划经济向市场经济转型。在市场经济中,要让市场在资源配置中起决定性作用。当然,既要有有效市场,也要有有为政府。但前提是要有有效市场,在有效市场当中不需要保护补贴就能发展起来的产业,一定是符合比较优势

---

① 本文根据林毅夫在《瞭望》创刊40周年活动上的讲话整理。

的。当时那篇文章主要的思想是只有从违反比较优势的发展战略转为符合比较优势的发展战略，才能最终完成转型。

中国的改革发展实践是理论创新的"富矿"

发挥比较优势是新结构经济学中很重要的理念。消除贫困，最重要的是要给具有劳动能力的低收入人群创造就业机会。有了就业就有了收入，就能消除贫困。要最大限度地创造就业机会，就要更好地发挥比较优势。2002年，中国跨过低收入国家的门槛，达到中等收入国家水平，劳动力多还是我们的比较优势。当时，大量农村贫困人口转移到城市，需要就业岗位，这就需要发展劳动密集型产业。按照当时的情形，一户农村家庭只要有一个人到城里务工，全家就脱贫了。这正是当时提出消除贫困也要发挥比较优势的用意所在。

中国的改革发展实践是理论创新的"富矿"。新结构经济学是对中国改革发展经验的一个总结，是以马克思历史唯物主义为指导，用现代经济学的方法来总结中国的发展经验的理论。这是我们为构建中国特色社会主义经济学理论做出的努力，我们提出的一些想法得到了越来越多的认可，并付诸实践。可以看到，我国的政策以及我国在国际上的主张都提倡每个国家、每个地区要发挥各自的比较优势。

过去西方的理论，不是强调市场的作用忽略政府的作用，就是强调政府的作用忽略市场的作用。我们在新结构经济学里提出，要按照比较优势发展，前提是有效市场与有为政府"两只手"共同作用，市场有效以政府有为为前提，政府有为以市场有效为依归。这个理论体系让市场和政府在发挥作用的时候，有一个边界，有一个参照系。

党的十九届五中全会明确提出，充分发挥市场在资源配置中的决定性作用，更好地发挥政府的作用，探索有效市场与有为政府的结合。新结构经济学正是在往这个方向努力。

中国是理论创新的最好平台

提出理论的目的是帮助我们认识世界，同时改造世界。能够帮助我们真正认识世界和改造世界的理论，一定来自我们的实践。要了解经验背后的道理，深入剖析存在什么问题以及解决问题的方式，以解放思想、实事求是的态度审视我们自己、了解我们自己，这样提出的理论才能够帮助我们总结国家发展的经验，分析面临的挑战，并提出切实可行的对策。构建中国特色的政治经济学，最重要的还是要解放思想、实事求是，更好地挖掘我们身边的理论创新"富矿"。我相信，随着中华民族的伟大复兴，中国经济在全世界的重要性将进一步提高，中国现象、中国问题的重要性相应也会提高。解释中国现象、解决中国问题的理论对世界的影响也会越来越大。

世界经济中心历来是世界经济学的研究中心，是引领世界经济学思潮的大师辈出的中心。随着中华民族的伟大复兴，中国将成为世界最大的经济体,同时也将成为最有影响力的经济体。这是学者对经济学理论创新做出贡献的最好机遇,我期待中国经济学家能够抓住这个机遇。我们要把握这个机遇,做出力所能及的贡献,这样才能提升中国的话语权、软实力,才能把中国经验、中国智慧贡献给世界,与希望发展的国家和人民分享,推进共享繁荣的人类命运共同体的实现。

技术封锁只会加速中国对美国的技术替代

"卡脖子"难题是现实存在的。美国对华为、中兴实施技术封锁,把我们的一些高科技企业列入"实体清单",禁止美国企业跟我们有任何商业活动,都会给我们带来一定的影响。那些我们还没突破的技术领域,就是它们卡我们脖子的地方。

但回到经济的基本原则,不管哪个国家都要按照比较优势来发展经济,都要充分利用国内国际两个市场、两种资源。美国作为世界上最发达的国家,确实在一些高科技产业上有比较优势,在世界上处于领先水平。一些技术我们目前还未掌握,美国不卖给我们,确实可能会影响到我们的经济安全甚至国家安全。但绝大多数的技术不是只有美国一个国家有,世界上的发达国家也不是只有美国。绝大多数的技术其他发达国家也有。

美国卡我们的脖子,实际上是"杀敌一千,自损八百"。因为这些高科技产品需要很大的研发投入才能取得技术上的突破,技术实现突破后,有多少盈利取决于它的市场有多大。中国现在是世界上最大的单一市场，如果这些产品不卖给中国，这些企业的收益就可能从高利润变成低利润甚至亏损。

这些企业要想继续维持技术上的领先地位，就需要不断地投入大量经费。如果从高利润变成低利润甚至是亏损，维持技术领先地位的能力就越来越低。美国政府出于维持霸权的目的强迫这些企业牺牲自己的发展机会，美国企业整体上是不欢迎的。其他发达国家的企业如果听从美国的建议对中国实行封锁，利益就会受损。美国是为了实现自己的政治目的，而这些企业是在为美国做嫁衣。从根本上说，这些企业不会愿意这么做。

从这个角度讲，真正卡我们脖子的技术，是那些只有美国有其他国家都没有的技术。但这样的技术和产品非常少。

对于那些只有美国有其他国家都没有的技术，我们必须用新型举国体制来攻关。中国发展到今天的阶段，对于那些数量极少的高科技产品，只要我们下定决心，快则一两年，慢则几年，我相信是能取得突破的。过去的经验一再证明，只要中国能生产某种产品，这种产品的价格马上就会下降，参与封锁的企业会非常后悔。美国对中国进行技术封锁，只会加速中国的技术提升，加速中国技术对美国技术的替代。

我们管不了美国，但只要把自己的事做好就一定可以冲破这个难关。在这个过程中，中国要继续开放市场，加快构建以国内大循环为主体，国内国际双循环相互促进的新发展格局，让其他国家分享中国发展的机遇。

抓住新产业革命机遇，实现换道超车[①]

新发展格局下的理论逻辑与时代特征

中国过去采取的政策是充分利用国内国际两个市场、两种资源。"双循环"这个新论断的提出，有短期原因，更重要的原因则在于，"以国内大循环为主体"是经济发展基本规律的反映。

过去中国虽然被说成是出口导向型经济，但出口占 GDP 的比重自 2006 年以来不断下降，已经从 2006 年 35.4% 的峰值降至 2019 年的 17.4%。换言之，中国经济总量的大部分已经实现了在国内循环，这意味着我们的经济已经是以内循环为主体。这反映了两个基本经济规律：第一，一国的经济体量越大，内循环的比重就越高；第二，服务业在整个经济中的比重越高，内循环的比重就越高，因为服务业中的很大一部分不可贸易。

---

① 本文根据林毅夫接受中国经济信息社"多想"学习会栏目采访的发言整理。

中国是一个大经济体，随着我们的收入和服务业水平的提高，内循环的比重逐步升高。展望未来，中国的经济还继续发展，收入水平也会继续提高，预计中国经济占世界经济的比重还会逐步提高。所以，中国经济现在已经是，将来更会是以国内循环为主体。

当然，国际循环跟过去一样重要。新结构经济学强调，发展经济要充分考虑各个国家、各个地区的比较优势。具有比较优势的产业要想发展得好，不仅要在国内市场流通，也要进入国际市场。按市场汇率计算，2019 年中国的经济总量只占世界的 16.4%，这意味着，中国有比较优势的产业除了充分利用国内市场、国内循环，也要充分利用国际市场。

中国在"十四五"规划期间表现出以下三个鲜明特征：

第一，进入高收入国家行列。"十四五"时期与之前的五年规划相比，最大的区别是基础不一样。过去中国处在低收入阶段，或是中等收入阶段。在"十四五"期间，中国将跨过人均 GNI 12 535 美元的高收入国家的门槛，从一个中等收入国家转变为一个高收入国家。收入水平的变化反映的是要素禀赋结构的变化。在低收入阶段或者中收入阶段，资本相对短缺，进入高收入阶段后，资本会相对丰富，劳动力与自然资源会逐渐从相对丰富变为相对短缺。由于禀赋结构发生变化，具有比较优势的产业也会发生变化。

第二，地区间的差距巨大。中国作为拥有 14 亿人口的大国，国内地区间的发展差距巨大。人均 GDP 超过 20 000 美元的城市有14个，人口总数达1.5亿。甘肃、山西、云南等地区，人均GDP目前仍处在7 000美元以下。中国还有6亿人口每个月的收入在1 000元左右。在这样一个地区间差距相当巨大的经济体中，实现高质量发展是亟待解决的问题。

第三，新工业革命的出现。2016年，二十国集团杭州峰会提出新工业革命，"十四五"将会是新工业革命蓬勃发展的5年。过去人类经历了以蒸汽机带动的第一次工业革命，以电气化带动的第二次工业革命，以信息化带动的第三次工业革命，现在则进入了以"人、机器、资源智能互联"为特征的第四次工业革命，这类产业的新产品、新技术研发周期短，中国在这类换道超车型产业上具有与发达国家齐头并进的比较优势，"十四五"期间，这类产业将发展成领先型产业。

如何寻找新赛道

新结构经济学把各地区的产业分为五种不同类型：追赶型产业、领先型产业、转进型产业、换道超车型产业和战略型产业。换道超车型产业的特征是产品、技术的研发周期特别短，通常6~18个月就会研发出一代新产品和新技术，研发的关键投入是人力资本。以"人、机器、资源智能互联"为特征的新工业革命大多集中在这种换道超车型产业。

发达国家经过工业革命以后二三百年的发展和积累，金融资本、物质资本都比中国丰富，但是在以教育和天赋为主要组成部分的人力资本上，中国没有什么劣势，所以，在以人力资本为主要投入的换道超车型产业上，中国和发达国家可以齐头并进，并且已经出现了很多成功的典范，比如华为、中兴、大疆、科大讯飞、阿里巴巴、腾讯、百度等。

新经济的一个重要指标是独角兽企业的数量。根据胡润研究院发布的全球独角兽榜，2019年全球494家独角兽企业中，中国有206家，美国有203家。截至2020年3月31日，全球独角兽企业有586家，其中中国有227家，美国有233家，这意味着中国在新经济方面具有和发达国家直接竞争的比较优势。

"十四五"期间，新工业革命的相关产业在中国将会取得很大发展，这些产业以人力资本投入为主，属于产品技术研发周期短的换道超车型智能技术产业，有条件的地方要抓住这个机遇。

换道超车型产业的核心在"人"，发展换道超车型产业要采取因势利导的方法，地方要发挥有为政府的作用，把有天分的人（包括高科技人才和对市场方向把握得非常好的企业家）集中起来发展这种新的产业。

一方面，要根据新产业、新技术的需要，不断完善硬的基础设施，比如电力、电信、道路、港口等，完善软的制度安排，比如金融环境、营商环境、法治环境等，从而降低交易费用，让技术和产业的生产力可以得到充分发挥，帮助企业家把当地的比较优势变成国内外市场的竞争优势。

另一方面，如果当地高校资源丰富，人才则相对聚集；如果优质高校相对较少，例如深圳等地，可以创造有利的环境把人才吸引过来。比如设立梦想小镇可以把有创新能力的人才集中起来，开发新产品、新技术，创造新概念、新业态。

当新一代产品开发后需要进行大规模生产，或开发出新的生产、营业模式的时候，就需要资本投入了。此时，地方政府可以设立引导基金，支持创新型企业，并吸引风险资本来投资。

同时非常重要的是，要用这种新的智能技术来改造传统产业，提高生产效率，以及使用新的智能技术改革市场营销方式，创造新的业态，让传统产业在新工业革命时代焕发出新的生命力。"十四五"期间，各个地方应该鼓励、支持当地企业努力进行探索。

创新、知识产权与经济发展[1]

创新、知识产权保护与经济发展有待研究的问题

经济发展表面上看起来是人民收入水平不断提高，而收入水平提高的基础是劳动生产力水平必须不断提升。提升劳动生产力水平主要有两个方式：一个是现有产业的技术必须越来越好，每个劳动者能够生产越来越多质量越来越高的产品；二是必须有新的、附加价值更加高的产业不断涌现，可以把劳动力、资本、土地等要素从附加价值比较低的产业转移到附加价值比较高的产业。不管是现有的产业技术越来越好，还是附加值越来越高的产业不断涌现，这本身都是创新。我想这是习近平总书记在提出"创新、协调、绿色、开放、共享"新发展理念时，把创新排在第一位的主要原因。

---

[1] 本文根据林毅夫 2019 年 11 月 11 日在第四届紫金知识产权国际峰会上的主旨演讲整理。

对于创新在经济发展中的关键作用，国内外学界应该达成了共识。但是，发展中国家虽然知道创新对经济发展的重要性，经济发展的绩效普遍不好。二战以后有200多个发展中经济体，到现在只有2个经济体从低收入发展成为高收入，一个是中国台湾，另一个是韩国。中国很可能在2025年左右成为二战以后从低收入进入高收入的第三个经济体。1960年，有101个中等收入经济体，到2008年，我到世界银行当高级副行长兼首席经济学家的时候只有13个经济体从中等收入进入高收入。这13个当中有8个是西欧周边的欧洲国家，如希腊、西班牙、葡萄牙，它们与西欧发达国家之间的差距本来就很小，还有一些是石油生产国，剩下的5个是日本和亚洲四小龙。

通过这些统计数字我们可以看到，二战以后，绝大多数的发展中国家即使知道创新是它们经济发展的关键，但是绝大多数身陷低收入或者中等收入陷阱。为什么会是这样呢？这是一个值得深入研究的问题。

知识产权保护有利于创新，这是大家都知道的。我们也观察到发达国家很重视知识产权保护，但发展中国家对知识产权保护却不太上心，为什么不同发展程度的国家对知识产权保护的态度会不一样呢？这也是我们需要探讨的问题。

我想从新结构经济学的视角来解释这两个现象，并且说明中国已经到了必须非常重视知识产权保护才能实现高质量增长、实现中华民族伟大复兴的梦想的阶段。

创新需与比较优势相结合才能推动经济的可持续发展

第一点，创新很重要，从新结构经济学的角度来看，创新的方式必须与不同发展阶段的产业和技术的比较优势相结合，才能够推动经济的可持续发展。

前面谈到二战以后，成功的发展中经济体非常少，但是有13个发展中经济体实现了每年以7%或者更高、持续25年或更长时间的快速发展。发达国家过去100多年以来年均经济增长速度是3%~3.5%，如果一个发展中经济体能够以7%或更高，也就是发达国家的2~3倍来发展，而且持续25年或者更长的时间，这个经济体就能够极大地缩小和发达国家的差距。

这些经济体的成功有何秘诀？为此，世界银行成立了增长委员会，由斯宾塞和索罗两位诺贝尔奖获得者领衔20多位在发展中国家政府中工作并且受过良好经济学训练的学者为成员进行研究。他们发现这13个成功的发展经济体有5个特征：第一，它们都是开放型经济；第二，它们都实现了宏观稳定；第三，它们都有高储蓄、高投资；第四，它们都是市场经济或者正在转向市场经济；第五，它们都有积极有为的政府。这个报告发表以后，委员会主席斯宾塞教授经常应邀到发展中国家演讲，发展中国家的领导人常常向他请教经济发展成功的秘诀。斯宾塞教授的回答，这5个特征是成功的药材，但不是成功的药方。我们都知道，单单有药材没有药方还是治不了病的。

从新结构经济学的视角来看，其实这5个特征暗含了一副药方，就是在经济发展过程中，每个国家、每个地区、每个经济体必须按其发展阶段的要素禀赋结构所决定的比较优势来选择技术、发展产业。

首先，在劳动力多、资本稀缺的情况下，应该着重发展劳动力相对密集的产业，着重发展的技术应该是能够用劳动力替代资本的技术。反过来讲，当资本变得相对丰富而劳动力相对短缺时，比较优势是资本密集型的产业，所用的技术就必须用机器来替代人。这样的产业和技术才能使企业在市场上具有竞争力。如果反其道而行，在资本相对短缺、劳动力相对丰富的经济情况下发展违反比较优势的资本密集型产业，就只能给予保护补贴，不让外国产品进来竞争，这个产业才能生存。同时，自己有比较优势的劳动力密集型产业，得不到必要的资本也发展不起来，可以出口的东西就少。所以，根据比较优势发展的经济体，一定是出口多，进口也多，违反比较优势发展的经济体，往往是进口少，出口也少，所以，开放是按照比较优势发展的结果。

其次，如果一个经济体的产业都根据比较优势发展，这个经济体各个产业的生产成本就相对比较低，比较有竞争力，自发的危机就会少，这个经济体自然会比较稳定。反之，如果不遵循比较优势发展，生产成本高，各个产业没有竞争力，整个经济体的发展情况就不太稳定。

最后，如果根据比较优势进行发展，各个产业有竞争力，能创造利润，储蓄就多。而且根据比较优势进行产业投资回报率会相对较高，自然也就会有高储蓄、高投资。

所以，开放、稳定和高储蓄、高投资其实是按照要素禀赋结构所决定的比较优势来选择产业、发展经济的结果。

按照比较优势来发展是经济学家的语言，企业家关心的是利润，企业怎么会愿意遵循一个地方的要素禀赋所决定的比较优势来选择产业和技术呢？这必须有一个制度安排。在这个制度安排下，各种要素的相对价格能够反映这个经济体的各种要素的相对稀缺性。在资本相对短缺的时候，资本相对昂贵，劳动力相对便宜，企业家为了自己利润的最大化就会进入能够多用便宜的劳动力、少用资本的产业，即劳动力密集型产业，采用技术时就会用廉价的劳动力替代昂贵的资本，这样的技术就是劳动力密集型技术。反过来讲，如果资本变得相对丰富，劳动力变得相对稀缺，这种状况之下，如果资本是相对便宜的，劳动力是相对昂贵的，企业家为了自己的利润，就会进入多用资本少用劳动力的产业，也就是资本相对密集的产业，并多用机器设备替代劳动力的资本密集型技术。

怎样才能形成这样的价格体系？到现在为止，只有在竞争的市场中，各种要素的价格才能反映各种要素的相对稀缺性。竞争的市场是按照比较优势发展经济的制度前提，然而，在经济发展过程中，政府也要发挥积极的作用。按照比较优势选择产业和技术能够使得生产时的要素成本达到最低水平，但是产品要在国内外市场上有竞争力，则还需要有比较低的交易费用。交易费用的高低取决于是否有完善的电力、交通等基础设施，是否有合适的金融安排支持企业的投资，是否有完善的法律来规范和执行企业间的合同等，这些影响交易费用的硬的基础设施和软的制度安排的完善只能靠政府来提供。同时，随着资本积累，随着要素禀赋结构和比较优势变化，必须有先行的企业根据比较优势的变化进入新的产业，采用新的技术，也就是进行创新。先行者要比后来者冒更大的风险且付出更高的成本，而不管成功和失败都会给后来者提供有用的信息，因此，政府需要给先行企业提供一定的激励。

一个经济体的创新，包括新技术和新产业，对经济发展很重要，创新必须结合比较优势，并在有为政府的因势利导下才能在市场中形成竞争优势。过去绝大多数的发展中国家经济发展失败的最主要原因是为了快速追赶发达国家，不顾要素禀赋结构的实际情况，拔苗助长，去发展违背比较优势的产业。比如说在资本很短缺的农业经济基础上发展钢铁产业、汽车产业等现代化的资本密集型制造业，这些产业看起来很先进，技术也很好，实际的结果是发展起来的产业没有竞争力，需要保护、补贴才能生存，前面所讲的这 5 个特征也就更不会存在了。

经济发展程度和知识产权保护

知道了第一个道理以后，很容易就能了解为什么发达国家和发展中国家对知识产权的态度不太一样。发达国家收入水平高，代表其所在的产业和所用的技术都在世界最前沿，如果要技术创新、产业升级，必须自己发明新技术、新产业，发明的投入很大、失败的风险非常高,这些新的技术和产业发明出来以后,别人学习的成本却非常低。因此,必须对处于世界技术和产业前沿的企业的创新活动给予专利保护,以作为激励,不然企业会不愿意进行技术创新和产业升级。没有技术创新,没有产业升级,经济就不能发展。这也是发达国家都有比较完善的知识产权保护制度的主要原因。

发展中国家要想发展好,必须按照它的比较优势选择产业和技术,发展中国家早期的比较优势通常存在于劳动力用得比较多,资本用得比较少的产业和技术中,是工业革命以来相对比较成熟的产业。在产业升级的过程中,由于其收入水平与发达国家之间有很大的差距,其产业技术水平与发达国家之间也有很大的差距,在按比较优势发展经济时有很多台阶可以一步一步地爬,因为比较优势的提升是依靠资本的积累逐步形成的。专利保护期最多 20 年,很多发展中国家拥有比较优势的产业和技术与世界前沿技术之间的差距不止 20 年,既然已经没有专利权了,把这些技术引进来用,是不需要成本的,而且,外国拥有这些技术的国家也不会要求使用这些技术的国家对其进行知识产权保护。一个国家只有产业和技术在世界最前沿的时候,技术创新和产业升级才需要自己发明,发展中国家既然和发达国家在产业和技术上有很大的差距,可以以引进技术作为创新的来源,不需要自己再进行"原始创新",而且,前沿技术和产业所需要的资本密集程度超过自己的比较优势,发展中国家也不应该在要素禀赋结构未具备条件的情况下贸然去和发达国家在前沿技术创新上竞争,因此，发展中国家既然没有自己进行原始创新，也就不会有以知识产权保护来鼓励自己原始创新的需求。在没有知识产权保护的内外需求压力下，发展中国家对于知识产权保护也就不会上心。

中国已经到了需要加强知识产权保护的发展阶段

中国自改革开放以来取得了年均 9.4% 的增长奇迹的原因之一就是利用与发达国家之间的技术差距，以引进技术来加速技术创新和产业升级。经过 40 余年的快速发展，中国已经到了必须重视知识产权保护的时候，原因是什么呢？ 2018 年，我国的人均 GDP 达到 9 608 美元，是一个中等偏上收入的国家，很可能到 2025 年左右，中国的人均 GNI 会超过 12 353 美元，这是个门槛，超过这个门槛就是一个高收入国家。从新结构经济学的高度来看，像中国这种发展程度的国家的产业可以分成五大类。第一类是我们有，但比我们更发达的国家，像德国、瑞士、日本也有，我们还在追赶的产业。第二类是已经在世界前沿的产业，像家电产业的美的、格力、海尔，以及移动通信终端产业的华为、小米，它们的技术在世界处于领先地位。第三类是过去有比较优势的产业，这类产业属于劳动力密集型产业，现在工资水平提高了，比较优势丧失了。第四类是换道超车型产业，这类产业技术研发的周期特别短，最多 18 个月就能产出一代新产品，研发中最主要的投入是人力资本，我们是人口大国，人力资本很多，有巨大的国内市场，如果需要硬件，我国有最完备的产业，在这种换道超车型产业上，我国有比较优势，可以在同一起跑线上与发达国家竞争。第五类是战略型产业，产品研发周期特别长，可能是10年、20年，甚至30年，需要投入很多人力资本，同样也需要有巨大的金融资本的支持，这类产业我国尚不具有比较优势，但这类产业与国防和经济安全有关，没有比较优势也必须自己发展。

这五类产业的创新方式不同，第二类领先型产业、第四类换道超车型产业和第五类战略型产业，它的技术和产品我们都必须自己研发，因此，和发达国家一样我们必须有严格的知识产权保护。对于第三类已经失去比较优势的产业，产业中有些企业可以升级到微笑曲线两端，创造一些附加价值高的新品牌、新产品，这些也需要知识产权保护。至于第一类追赶型产业，虽然还能以引进技术作为技术创新和产业升级的来源，但我们现在要追赶的产业绝大多数是发达国家还具有比较优势的产业，大多数技术还在知识产权保护期里，不支付专利费就不能引进。另外，我们也可以招商引资，让拥有这些技术的企业到中国来生产，但是，我们必须有良好的知识产权保护体系，它们才会愿意来投资。江苏太仓就做得不错，设立了一个中德工业园，有二三百家德国企业在工业园里建厂，所以说好的知识产权保护是投资环境的重要内容。不管是需要自主创新的产业，还是可以引进技术作为创新来源的产业，我国都已经到了需要加强知识产权保护以有利于技术创新、产业升级的发展阶段。

总体而言，创新必须与一个经济体的比较优势相结合才能够成功。中国已经有不少产业处于世界技术前沿，即使有些产业不在世界技术前沿，同样需要有知识产权保护，只有这样我们才能实现习近平总书记所讲的"创新、协调、绿色、开放、共享的发展"。

进入新时代，我国经济已经由高速度增长转变为高质量发展，这种发展阶段的变化也意味着我国有越来越多的产业开始接近世界技术前沿水平，甚至已经成为世界领先的产业，而这些领先型产业的技术的进步则主要依靠自主创新，因此知识产权的保护对于这类产业的升级就显得尤其关键。此外，对于那些现阶段仍以技术模仿为主的追赶型产业，或者换道超车型产业，抑或是失去比较优势的需要把产业转移出去的转进型产业，甚至是涉及国防安全与经济安全的战略型产业，皆需要从动态发展的角度去考虑知识产权对这些不同类型产业的不同作用。因此，如何从国家的层面和产业的层面制定与发展阶段相适应的合理的知识产权战略，是一个具有学术价值与实践价值的研究课题。

第 5 章
脱贫攻坚、医疗改革与绿色发展

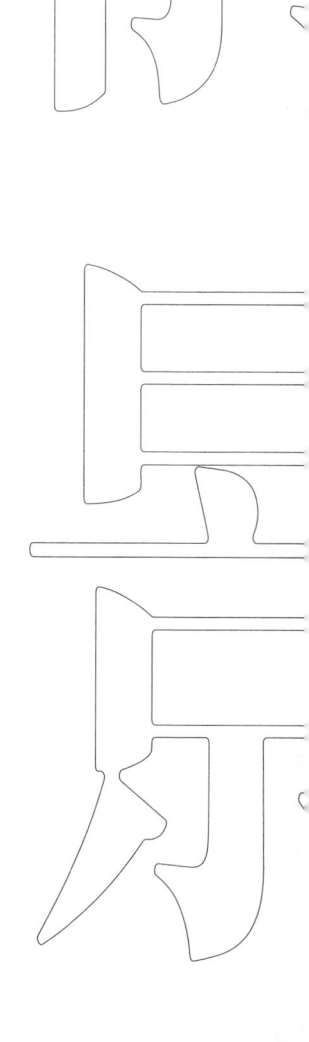

中国的脱贫经验行得通[①]

"亲贫式的经济增长"这个说法对中国发展的成果做了一个相当客观的总结。中国的发展速度很快,这是事实。但是有些国家的经济也发展了,仍然解决不了极端贫困问题。中国不仅实现了经济高速发展,而且同时解决了贫困问题,目前是把绝对贫困问题全部解决了,所以可以说这种发展模式是亲贫的。

在经济增长的同时解决贫困

经济增长给低收入人群创造了越来越多工资水平高的就业机会,这种减贫的效果在中国是非常显著的,但是在发展落后、贫困程度高的地方效果有限,应该如何解决呢?

于是就产生究竟采用造血式的扶贫,还是输血式的扶贫的讨

[①] 本文根据林毅夫 2021 年 5 月接受《澎湃新闻》采访时的发言整理。

论。过去的做法或者国际上通用的办法是，采用给贫困人群提供更多人道主义援助的输血式扶贫，但是要解决贫困问题，最重要的是让贫困人口自己有能力增加收入，要让他们增加收入，就必须有就业机会，要有就业机会就必须有产业。

开发式扶贫就是通过发展产业，增加就业，最终增加贫困人口的收入，这是一种造血式的扶贫，这种方式跟全国的经济发展也是有关的。因为有不少贫困人口从农村来到城市，实现了就业。但是仍然有很多人留在农村，留在农村的人以农业为生，收入增长的来源有限。

有没有办法结合农村当地的有利条件，为农民创造一些可以获得更高收入的就业机会呢？后来我们发现，仅仅实行开发式扶贫还不够，因为有一些地区，比如"三区三州"，自然资源非常匮乏，距离市场特别远，交通和各种基础设施非常差，要发展起来，就需要有针对性地去帮助它们解除发展上的限制，所以就有了精准扶贫的概念，通过精准帮扶，帮助它们脱贫。

在这个过程中，我们创造性地采取了一些做法，比如东西部协作和对口扶贫，就是发展得比较好的地区跟深度贫困地区结对子；还有定点帮扶，就是各级党政机关、人民团体、国有企事业单位和军队也参与进来，定点帮助一些比较落后的贫困县或贫困村。具体地说，我们通过提供资金、技术、人才的培养和市场渠道来创造就业机会。经过多方的努力，中国才在2020年年底的时候，让所有的人都脱离了极端贫困。

中国是反贫困事业的引领者

解决贫困问题是各国共同的目标，大家都在不断尝试各种方法。但从结果来看，中国是走在世界前面的，我们提前 10 年完成了联合国《2030 年可持续发展议程》中提出的消除极端贫困的目标，所以绝对不可能是中国抄袭了别人。

中国取得这么大的成就，一定是因为针对自己的问题因地制宜地想出了自己的解决办法。我们在想办法解决问题的时候，没有关起门来，而是也在关注别人的办法。只不过别人的办法针对的是他们要解决的问题，比如非洲、南亚的问题，他们要摆脱贫困的目标跟我们是一样的，但造成贫困的原因、经济社会条件和经济发展速度跟我们完全不一样。

我们按照中国自己实际的状况，采取有效的措施，对症下药，才得以提前 10 年完成全世界人民都想完成的脱贫目标。

因地制宜，政府发挥了关键性作用

我们一向关注国外的经验，也愿意去学习。但我们知道，国外的办法是不完全能解决中国问题的，所以我们在不断地根据自己的情况，提出适合中国国情的办法。中国的扶贫实践，走的是一条由经济发展带动，政府主导、社会帮扶与农民主体作用相结合，以造血式扶贫即开发式扶贫为主、社会保障兜底的路子。

国外没有精准扶贫，也没有对口帮扶，这些都是我们根据自己的国情提出来的。总的来讲，国际援助在中国扶贫攻坚中的贡献比例是相对比较小的。

就像邓小平1980年会见世界银行行长麦克纳马拉时所说的，中国下决心要实现现代化，发展经济。有世界银行的帮助，中国实现这些目标会快些，更有效率些，没有世界银行的帮助，中国照样要做，只是花的时间可能会长些。

要解决好贫困的问题，重要的是要让贫困人口获得回报率足够高的就业机会，只有依靠产业发展，才能创造出源源不断的高回报就业机会。要发展什么产业，必须结合当地的比较优势。使比较优势成为竞争优势的前提是，必须解决交通基础设施、市场准入、技术和人力资源等问题。在贫困落后的地区，这些问题靠老百姓自己是解决不了的，靠市场也解决不了。这需要政府来发挥因势利导的作用，还需要社会组织、企业共同发挥作用，来提供技术，打通市场渠道。在这个过程中，市场是关键，但政府的作用是很有必要的。

与国际上相比，中国政府发挥了关键性的作用。如果没有中国政府的高度重视，单单靠市场的作用是无法解决贫困问题的。

中国政府在扶贫中发挥的作用是比较大的。从扶贫目标的制定到实施，从原来的输血式扶贫到造血式的开发式扶贫，到后来的精准扶贫，都是政府审时度势根据当时的情况和问题的关键提出来的，并根据我们社会发展的进程不断地调整，不断地提高扶贫的效率，最终终结了极端贫困。

经济学家伊斯特利通过在非洲的研究，得出结论说政府腐败是贫困的根源,但是他没在中国做研究。政府会有腐败,这是事实,但也不能说每个国家的政府、每个官员都腐败。因为即便是非洲,也有扶贫工作做得比较好的国家,所以不能以偏概全。从中国的实际效果来看,政府动员了各方的力量来共同解决这个千百年来人类都想解决的贫困问题。在这一点上,我想应该给予中国政府高度评价。

中国反贫困经验具有全球意义

我认为中国有很多的扶贫经验可以与第三世界国家分享。因为贫困人口的特性就是,除了出卖劳动力没有其他收入来源,土地少、可利用的自然资源也少的国家,要解决贫困问题就要不断给这些收入水平低、只能靠劳动力来获取收入的人,创造更多更好的就业机会。

怎样才能给这些人创造更多更好的就业机会呢?我在新结构经济学里常讲,要按照每个国家、每个地区的比较优势来发展。贫困地区最大的比较优势就是劳动力便宜,所以需要发展劳动密集的产业,使用劳动密集的技术。这样就能给贫困人口提供更多的就业机会,增加他们的收入,也能让那些产业以较低的成本生产出有竞争力的产品并把它们推向市场。

要发展具有比较优势的产业,一方面需要发挥市场的作用,另一方面需要政府去帮忙解决市场解决不了的问题,比如做好基础设施、电力供应、公路交通,使原材料能运进来,所生产的产品能够进入市场。所以要用好市场和政府这"两只手",多去发展各个地方符合比较优势的产业。在经济增长的同时,带来贫困人口就业机会的增长,这样经济增长的目标和社会公平的目标就能够同时达到。这是中国的经验,同时也是东亚经济体的共同发展经验。这些国家和地区之所以能在增长过程中同时实现公平,是因为充分发挥了市场和政府的作用,发展符合比较优势的产业,从而使这些产业在它们本国国内市场和国际市场都具备竞争优势。

这样的发展思路,在其他国家也能成功。埃塞俄比亚这10多年来经济发展得比较好,同样是得益于在有效市场、有为政府"两只手"的共同作用下,发展具有比较优势的产业,比如农业,以及引入一些劳动密集型的制造业。埃塞俄比亚现在仍然是收入水平比较低的非洲国家之一,但它是经济增长速度最快的国家,而且在减少贫困方面的成绩也算是非洲最好的国家之一。

不仅是埃塞俄比亚,像波兰这样的东欧国家也吸收了中国的经验,效果非常显著。波兰从1989年转型以后采用"休克疗法",单靠市场调节经济,虽说2008年它的人均GDP已经达到14 000美元,进入高收入国家行列,但波兰的就业增加得很慢,失业率高企,人们都在担心波兰掉进了中等收入陷阱。2015年10月,波兰新政府上台以后,也开始按照新结构经济学强调的在有效市场和有为政府的共同作用下去制订国家发展计划,并且帮助具有比较优势的产业排除发展的障碍。过去三年波兰有些产业发展得很不错,创造了很多就业机会。波兰人口数量是3 800

万，占欧盟国家人口总数的 1/10 左右，但 2018 年它新增加的就业机会占整个欧盟的 70%，2019 年波兰失业率降至 3.3%，在新冠肺炎疫情暴发前，相对贫困率从 2005 年的 12.4% 已降至历史最低的 9.6%。

所以，经济发展的基本道理是一样的。要解决贫困，就要让贫困人口有就业机会，就要扩大就业机会，就要让这个国家具有比较优势的产业能够发展起来。

这些产业要发展起来，需要有效市场和有为政府"两只手"共同发挥作用。经过验证，这些中国经验在低收入国家埃塞俄比亚和高收入国家波兰是行得通的，那么在世界其他国家也应该是一样的。

世界银行当前的极端贫困线是每天消费低于 1.9 美元（2011 年不变价），是根据 15 个最穷国的国家贫困线的平均值得来的，而且是按照购买力平价计价的。我们国家的贫困线以收入标准计，即年收入 2 300 元（2010 年不变价），这跟世行的标准基本是同一个水平的。

但我们的标准是"一收入两不愁三保障"，就是说我们国家的脱贫不仅是看收入水平，还要不愁吃穿，教育、医疗、住房和饮水安全有保障。所以从这个角度来看，中国的贫困标准比世行的国际贫困线还高，因为我们是综合的贫困标准线。

之所以会引起一些误解，是因为世界银行是按照购买力平价计算的，有些人以为是按照市场汇率计算的。发展中国家的物价水平通常比较低，按照市场汇率如果收入是 1 美元，按照购买力平价计算就可能是 1.5 美元，甚至是 3 美元，很多人把这个东西搞混了。当然，世行还有更高的贫困线：每天 3.20 美元和 5.50 美元，这分别是针对中等偏下收入和中等偏上收入经济体的贫困线，这是我们下一步要努力达到的目标。

我认为中国扶贫的成就是有目共睹的。我们的扶贫任务还没有结束，下一步的目标是要让全国人民共享中国发展的果实。

人的追求是在不断增长的，所以我们要不断满足人民对美好生活的期望。在发展过程中，不仅要让人们整体生活水平得到提高，同时也要照顾到相对弱势、相对落后地方的人群，让他们也能够跟全国人民一起前进，让鳏寡孤独废疾者皆有所养，这是一个永无止境的任务。

新发展格局下的乡村振兴战略[①]

自 2017 年党的十九大提出乡村振兴战略后,中国发展战略又有了重新定位。2020 年 7 月 30 日召开的中共中央政治局会议提出了"加快形成以国内大循环为主体、国内国际双循环相互促进的新发展格局"。为什么要提出这样一个新的发展定位?它对乡村振兴会有什么样的影响?

一、新发展格局的提出

(一)新发展格局为何引起关注

新发展格局强调以国内大循环为主体,在国内、国际引起高度关注。之所以被关注,关键在于国内外对中国发展模式的印象根深蒂固。过去很长一段时间内,中国的经济发展模式普遍被认为是出口导向型。因此,提出以国内大循环为主体的论断,似乎意味着

[①] 本文根据林毅夫 2021 年 1 月 9 日在"清华三农论坛 2021"上发表的主旨演讲整理。

传统的充分利用国内、国际两个市场、两种资源的发展模式有所转变。中国现在是世界上第二大经济体，如果按照购买力平价计算，更是世界上第一大经济体。同时，中国又是世界第一大贸易国。因此，如果中国重新定位自己的发展模式，影响的将不仅是中国。

（二）新发展格局提出的原因

1. 短期原因

新冠肺炎疫情的暴发，对各个国家的经济都产生了非常大的冲击，这是自20世纪30年代经济大萧条以来最大的冲击。中国是正增长的主要经济体，在这种状况下，国际贸易一定会有所萎缩。中国作为最大的贸易国，也必然受到影响。在出口受限的同时，中国经济还在正增长。此时，生产出来的产品只能在国内消化，实现国内循环。

2. 长期原因

新冠肺炎疫情早晚会过去，但我们的战略定位是长期的。因此，新发展格局的提出更有其长期原因。一是源于美国的影响。近年来，美国对中国一再增加关税，并对中国高科技产业采取打压政策。在这种情况下，中国产品的出口，以及对国际资源尤其是国际技术资源的引进肯定会受到限制，为了本国的发展，我们必须以国内大循环为主要依赖力量。二是源于经济的基本规律。2006年以来，出口占中国GDP的比重由35.4%下降到2019年的17.4%，减少了50%。出口占比下降主要有两个原因，其一与经济规模有关，其二与服务业占GDP的比重有关。从经济规模看，制造业经济规模大，产品生产出来后，国内经济规模越小，国际市场的比重就越大，国内经济体量越大，国内自己能消化的比重就越大。新加坡经济规模小，其2019年出口占GDP的比重达到了104.9%，远超中国的35.4%。另外，美国作为世界第一大经济体和日本作为世界第三大经济体，其出口占GDP的比重分别为7.6%和13.4%，均低于中国，原因是美国和日本都是高收入经济体，服务业分别占GDP的80%和70%，服务业中很多产品都是不可贸易的，所以服务业占GDP的比重越高，出口占GDP的比重就越低。

2006年，中国总体经济规模占全世界的比重为5.3%，同年中国服务业比重为41.8%；2019年，中国总体经济规模增加至全世界经济比重的16.4%，而服务业的比重则增加至53.6%。经济体量的扩大和服务业比重的增加共同解释了为何中国的出口比重会从35.4%下降至17.4%。从数值看，2019年国民经济有82.6%的国内循环，已经形成了国内大循环为主体的格局。

（三）新发展格局提出的必要性

从国内循环部分看，随着收入水平的继续提升、经济体量的继续扩大以及服务业比重的继续提升，国内循环的主体部分会更强，这是一个事实。当前，通过提出新发展格局重新论述该事实，有一些政治上的考虑。

一是给自己提升信心。当今中国经济主要依靠国内大循环，且现在已经有80%多是国内大循环，将来这个比重更可能达到

90%。这说明只要我们做好自己的事情,搞好国内的经济,不管国际经济怎么风雨飘摇,中国都可以稳定发展。

二是避免政治上不必要的误解和争议。中国长期被认为推行出口导向型经济模式,在中美的摩擦中,美国把对中国的贸易逆差归咎于中国的出口导向型模式,2008年起源于国际不均衡的国际金融危机,也被归罪于中国的出口导向型模式。我们把以国内大循环为主体的发展事实论述好,可以避免国际上对我们产生不必要的误解,或者是进行不必要的归罪。

二、国际市场是否已不重要

以国内大循环为主体的新发展格局的提出,是否意味着原来讲的充分利用国内、国际两个市场、两种资源的战略定位不再重要?答案是否定的。经济要发展好,要充分利用比较优势,这是新结构经济学的一个很主要的理论支点。

(一)国际市场对中国发展的重要性

当前,我们有比较优势的产业肯定要充分发展,且产出的产品也会尽量在国内消化、吸收。然而,即便中国是世界第二大经济体,占世界经济总量的比重达到16.4%,也许2030年、2040年还可以达到20%甚至25%,但从全球看也不过是全世界的1/4左右。要发挥比较优势,自然要通盘考虑整个国际市场。要发挥比较优势,就意味着在某些产业上我们没有比较优势。比如,因为中国人多地少，土地密集型产业就很难有比较优势。此外，随着中国收入水平不断提高，劳动力成本的提升将让中国的劳动密集型产品失去比较优势，未来也需要在有可能进口时尽量进口，让我们的发展成本更低、质量更高。因此，新发展格局里还要加上后面这一句：国内、国际双循环相互促进。

（二）"卡脖子"产品的讨论

当然，也要考虑到在一些产业产品上会被"卡脖子"的问题。如果被"卡脖子"，没有某些产业、产品，经济就不可能稳定发展的话，对于那些产业、产品，我们自然必须利用举国优势来发展。

因此，有两个问题需要澄清，要分析一下哪些产品可能被"卡脖子"，以及谁会卡我们的脖子。劳动密集型产品，将来可能要进口，但应该不会被"卡脖子"。但技术密集型产品可能有被卡脖子的风险，比如华为被断供，中国一些高科技产业被列入某国的"实体清单"等。

再以技术密集型产品为例，进一步探讨是否会被"卡脖子"以及谁会卡我们的脖子的问题。绝大多数的高科技产品不止一个国家有，美国有，德国有，日本也有。在这种情况下，我们可以分析，日本会不会想卡我们的脖子，德国会不会想卡我们的脖子。分析的结果是，它们不会。从企业的角度看，高科技产品想要取得技术优势，需要投入大量研发经费，成本很高。研发出来以后，该技术到底能带来多少回报，取决于企业能在多在程度上利用国际大市场。当前看来，中国是国际上最大的单一市场，如果放弃了中国市场，企业的收益可能由巨大的盈利变成微薄的盈利，甚至是没有盈利。如果盈利少或者没有盈利，企业继续研发的投入就会不足，就难以继续维持自身的优势。出于这样的考虑，企业不会想卡中国的脖子。

卡中国脖子无非出于政治的考量，这就涉及国家角度。那么，哪些国家会有这种考量？为了争霸、为了维持世界霸权，某些国家可能会为了政治利益牺牲经济利益。但是，德国、日本不可能去争世界霸权地位，而会更多地以经济考量为主。

对自然资源产品也可以这么考虑，因为绝大多数的自然资源产品的可能来源包括很多国家。分析清楚以后，不管什么样的外部环境，只要我们做好自己的事情，利用好国内大循环，就可以维持国内的稳定和相对快速的发展。

从 2008 年以后，中国每年对世界经济增长的贡献达到了 30%。在未来新发展格局之下，中国每年对世界经济的增长贡献也会维持在 30% 或者更多。中国只要继续按照新发展格局的要求，实现国内、国际双循环相互促进，充分利用国内、国际两个市场、两种资源，实现每年对世界经济增长 30% 的贡献率，以及每年扩张 30% 的全世界市场，即便个别国家想围堵中国，也很难在国际上形成联盟，因为其他国家不会牺牲本国的经济利益。

三、新发展格局下乡村振兴怎么发展

在总体的新发展格局之下，乡村振兴可以按照既定的道路继续发展。因为总体环境会变得更好，收入水平会不断提高，城市市场会不断扩大。在这种情况下，唯一要考虑的是，随着中国收入水平的不断提高，比较优势会发生变化。农业是土地密集型的，也是相对劳动密集型的，人均耕地少的劣势，外加劳动力价格的提高，会使中国不断丧失在很多农产品生产上的比较优势。此时，必须考虑的事情是，哪些农产品会成为中国被"卡脖子"的产品。除了被"卡脖子"的农产品外的农产品，只要国际市场上价格更便宜，能买就要买，要充分利用国际资源。当前看来，唯一可能被"卡脖子"的是粮食安全问题。粮食生产是土地密集型的，相对来讲，也是劳动密集型的，比较优势会不断发生变化。此时，我们在坚持国内粮食自给的同时，更要坚持两条腿走路。关注有粮食生产优势的国家，采取粮食进口多元化战略。此外，可以通过技术合作和投资，把国外耕地多、有粮食生产潜力的国家培养为中国的粮食进口基地之一。当然，即便如此，把饭碗端在自己手里还是非常重要的，要坚持保护耕地。在给定耕地的状况下，要想生产出满足人民不断增长的美好生活需要的农产品，需要不断提升技术，以提高产量和质量。此外，从日本、韩国等其他土地稀缺的高收入经济体的角度来看，粮食生产还必须有保护政策的支持。基于以上三点，相信我们在新发展格局之下，既能够给乡村振兴提供良好的总体环境，也能够为我们的粮食安全以及建设成为社会主义现代化强国提供重要支撑。

中国医疗体系的发展历程与改革探索[①]

衡量一个国家医疗健康体系的好坏,可以用"人均预期寿命"这项指标,它和人均 GDP 水平高度相关,也和医疗卫生体系高度相关。从这个角度来看,中华人民共和国成立以后,在健康医疗和提高人民的健康水平上取得了辉煌的成就。

1949—1978 年:经济落后,但创造了人民健康水平大幅提升的世界奇迹

在 1949—1978 年这 30 年的时间里,中国的医疗体系在提高中国人民健康水平方面所取得的成绩堪称奇迹。1949 年,中国是世界上最贫穷的国家之一。因为穷,人均预期寿命只有 35 岁。1978 年,中国人均 GDP 只有 156 美元,不足撒哈拉沙漠以

---

① 本文根据林毅夫 2020 年 12 月 15 日在《学观中西》栏目的发言整理。

南非洲国家平均数 490 美元的 1/3，仍是世界上最贫穷的国家之一，但中国的人均预期寿命已经从 35 岁提高到 65.9 岁，增加了 30.9 岁。

世界银行世界发展指标数据显示，1978 年印度人均 GDP 是 203 美元，当时中国的人均 GDP 比印度低 30%，当年印度人均预期寿命只有 52.8 岁，比中国低 13 岁。低收入国家平均的预期寿命是 47.6 岁，比中国低 18.3 岁。将中国的人均预期寿命与中等收入国家或上中等收入国家的人均寿命相比，这个成绩更是不可思议。1978 年，中等收入国家和上中等收入国家的人均 GDP 分别为 522 美元和 684 美元，为中国人均 GDP 的 3.3 倍和 4.4 倍，但它们的人均预期寿命分别是 60 岁和 64.4 岁，比中国低 5.9 岁和 1.5 岁。

中国在那么低的收入水平上取得这样了不起的成绩是因为中华人民共和国成立后建立了非常出色、有效的卫生医疗体系。在城市里的政府雇员、国有企业和集体企业的职工享有覆盖面非常广的公费医疗。在占全国人口 80% 的农村，也同样有全覆盖效率高的卫生医疗体系。一是，县有县医院、防疫站和妇幼保健院，乡有乡卫生所，村有村卫生室，负责从县到村的卫生防疫与医疗。二是，在生产队、公社推行合作医疗，农民看病可以报销。三是，在农村有赤脚医生，虽然他们接受的训练不完善，但具备最基本的医学常识，能够处理一般小病，在生产队和村里不能治疗的病再到乡卫生院，乡卫生院治不了的病再到县医院。这个县、乡、村三级体系也能对肺炎、天花、霍乱、鼠疫、小儿麻痨、狂犬病、血吸虫等传染病提供非常有效的防治，大大提高了人民的健康水平，延长了预期寿命。

改革开放前，中国依靠这样的卫生医疗体系使人民的健康水平比上中等收入国家还要好，人均预期寿命比上中等收入国家还要长。1978年，世界卫生组织在阿拉木图召开国际会议，发表了《阿拉木图宣言》，将中国的经验介绍给其他发展中国家，建议它们参考、借鉴中国的卫生医疗体系，改善各自的医疗卫生服务体系，提高人民的健康水平和预期寿命。

1978—2019年：改革开放创造经济奇迹，但医改效果不如预期

1978年，中国开始推行从计划经济向市场经济转型的改革开放，1978—2019年的41年间，中国的GDP平均每年增长9.2%，人均GDP的年均增长达8.4%。在人类历史上，尚未有任何一个国家或地区以这么快的速度持续增长这么长时间，这是人类经济史上不曾有过的奇迹。

根据世界银行的数据，这段时间随着人均GDP水平的提高，中国的人均预期寿命从1978年的65.9岁提高到2018年的76.7岁，40年内提高了10.8岁，跟中国自己比这还算不错。但跟其他中等收入国家的表现比，这个成绩并不出色。1978—2018年的40年间，中等收入国家和上中等收入国家的人均预期寿命分别从60.0岁和64.4岁提高到71.9岁和75.3岁，增加了11.9岁和10.9

岁，比中国增加的 10.8 岁分别多了 1.1 岁和 0.1 岁，但它们在这 40 年的人均 GDP 的年均增长率是 2.6% 和 2.9%，只有中国年均增长率的 1/3 左右。

改革开放以后，中国经济发展情况非常好，但人均预期寿命的增长不多，与其他国家相比，中国有些"吃老本"的态势。这是因为中国在进行市场化改革后，医疗体系发生了改变。

改革开放后，城市全覆盖、全报销的公费医疗改为基本医疗保险，覆盖面仍然是全体居民，但保险费一部分由政府出，一部分由居民的工作单位出，一部分居民自己交。医疗可以报销，但有门槛，即花费一定金额后才能报销，低于门槛的费用不能报销，同时有封顶金额，如果医药费太高也不能报销，而且报销的比例会随着费用的增加逐渐下降。

农村则设立了新型农村合作医疗，政府出一部分钱，农民出一部分钱。看病时也有可以报销的门槛金额，过了门槛后可以按一定比例报销，并且也有封顶的最高限额。与过去相比，合作医疗体系还在，但个人要承担的比例随着收入水平的提高在增加，政府负担的比例在减少。农村的赤脚医生没有了，不过三级医疗卫生体系（即县医院、镇卫生所、村卫生室）依然存在，这一点变化不大。

变化最大的是医院改革。在 1978 年以前，医院的所有投资和开销都来自政府财政。但改革开放以后，为了减少政府的财政投入，医院开支当中大约只有 10% 来自财政拨款，维持医院运转的资金由医院的医疗收入自行解决。与此同时，又要保留医院的公共服务性质，因此中国的医疗体系出现了一个很特殊的、有扭曲性质的安排，即医生看病的挂号费和门诊费非常低，医院靠这些收入无法支付医生工资和维持运转，不得不"以药养医"，也就是将批发来的药物加价20%、30%甚至更多，以从中获利。同时，各种检查费用较高，医院由此得到的收益较大。另外，取消了在下级医院治不了的病再转诊到上一级医院的制度，每个患者都可以直接到上一级医院治疗，各级医院的挂号费和门诊费也没有多大的差异。

在"以药养医"的制度之下，医疗费用大量增加。医院为了支付医生的工资，维持自身的运转和完善基础设施建设，很容易多开不必要的药或高价药。药价越高，医院盈余越多。并且医院倾向于多给患者做检查，不管看什么病，都要先做一系列检查，导致病人的财务负担加重。同时，由于药物大多由市场化的企业生产，企业的药价定得越高、药卖得越多就赚得越多，因此它们会提高药价和贿赂医生，医生多开药就能多收回扣，整个行业的寻租腐败现象非常普遍。

门诊费用低，再加上好医生都集中在好医院，到上级医院治疗又无须由下级医院转诊，因此，病人不管大病小病，只要生病就有积极性去大医院治疗，而大医院收治的病人越多，收入就越高，也有积极性接收，于是越往下级的医院患者越少，越往上级的医院患者越多。有时患者为了到最上一级的三甲医院就诊，挂个号需要等几天甚至几个月，三甲医院医疗资源严重不足，医患矛盾频发。而县级医院或等级比较低的医院的医疗资源则被严重浪费了。

2008年，中国医疗费用支出为1.2万亿元，到2019年达到了6.6万亿元，增加了近5倍。结果就是人们看病越来越贵，有些人根本支付不起，尤其医保有封顶金额限制，超额需要全部自费，这让很多收入较低的人无法承受。

因此，尽管市场化方向的改革是必要的，但中国医疗服务质量提高的程度远远低于中国人均收入增长后应有的水平。

探索中的医疗改革方向

这种看病难、看病贵，医患矛盾频发，医疗健康体系寻租腐败和资源配置不当的状况亟须改革，目前大体有两个改革方向。

2000年江苏省地级市宿迁的做法体现了第一个改革方向。这座人口近600万的城市的改革思路是全部民营化、私营化，即把所有公立医院转成民营，卖给私人经营，除了城市的基本医疗保险和农村的新型合作医疗，政府不再向各级医院的基建和运行投入财政资金。

医疗完全市场化不能说完全没有好处。不少私人资本进入医院或新设一些医院，解决了看病难问题，但又出现了三个问题。

第一，没有解决看病贵的问题。民营医疗企业和医院以营利为目的，盈利多少取决于做多少检查、开多少药，做的检查越多盈利就越多，开的药越多盈利也越多。

第二，以营利为目的的医院，不愿培养医生，不愿投入资金对医生、护士进行教育培训，因为它们担心自己培养的医生、护士被其他医院抢走。

第三，民营医院不愿意投资比较贵的设备，以及针对罕见病的设备。宿迁实施医疗改革以后出现了有些病在当地"过去能看，现在不能看"的状况。宿迁市政府不得不重新建立一家市级综合医院来解决这个问题。这是完全市场化的改革方向造成的结果。

2012年福建省三明市的做法体现了第二个改革方向。

看病贵最主要的原因是以前实行完全市场化的医药定价和采购方式，药企对药品的定价太高，并且从药企到医院存在太多环节，当中有很多漏洞，给加价、贿赂留下了很多空间。三明市试点由市政府设立医疗保障局，采用公开竞标的方式统一进行医药采购，选用报价最低的药企，并减少中间环节，切断药企与医院、医生的接触。

另一方面，三明市将医生的收入提高到了一个合理的水平。医生的收入在美国一般是人均收入的3~4倍。此前，中国医生的工资与一般职工的工资在同一水平，三明市将其提高到3~5倍，同时加强对医院和医生的管理，打破了药企根据医生开药多少给予医生贿赂的陈规。

这一探索的好处在于：第一，过去病人所要支付的医疗费用中，有很大一部分是医药和检查费用，现在医药费明显下降了；第二，医务人员过去靠收受贿赂来增加收入，现在他们拿的是阳光收入、合理收入；第三，政府在医疗卫生上的财政支出基本没有增加，财政支出主要用在了医院的基础设施上，比如盖病房、买设备。过去基本医保和新农合出现了很大赤字，现在基本上可以维持平衡。

综合来看，三明市试点是一个成功的改革案例。中国的改革方法是先试点，然后进行效果评估，有好的经验就在全国推广，有坏的教训就停掉。

在三明市的医改取得成功后，中国总体的医疗体系改革就沿着往三明市医改的方向进行：在国家层面设立国家医疗保障局，列出所使用药品的目录，规定各种疾病所用药物，由各省各市的医疗保障局进行统一竞价采购，如果功能相同，则使用价格合理的药，药价和药用器材价格下降，最为显著的表现是过去心脏支架贵的2万多元一个，均价1.3万元一个，统一采购以后，价格降到了700元左右一个。医生的收入也逐渐由来自药企的贿赂转变成阳光工资。但中国目前只是逐步地在各省推行这一改革，还没有形成全国统一的制度。

以上是对中华人民共和国成立70年来医疗卫生体系和健康水平及人均预期寿命的总体评价，我希望将来有机会能够像凯斯和迪顿两位教授一样，使用非常详细的实证资料来检验中国医疗体系的变革对中国人民的健康水平和中国人均预期寿命的影响。但总体而言，我认为健康水平不仅与收入水平相关，它在很大程度上也与医疗卫生体制相关。

在医疗体系中，病人和医生之间存在很多信息不对称，容易出现道德风险，因此政府应该发挥积极有为的作用，而且政府在发挥作用时，要避免被利益集团绑架。如果被利益集团绑架，政府的干预可能造成更糟的结果。美国在这方面的经验教训很多，值得我们学习和思考。中华人民共和国成立至今，这方面的经验教训也不少，也值得我们总结和反思。总之，希望中国在医疗改革上也能够取得像经济发展那样的辉煌成就，提高中国人的健康水平和人均预期寿命，实现健康中国的目标，也为世界人民的健康贡献出中国智慧和中国方案。

中国如何应对全球气候变化[1]

我想从新结构经济学的角度来谈谈"中国经济结构转型及能源革命、气候变化与环境保护战略"中几个关键词的内部逻辑，并提出相应的政策建议。

众所周知，经济发展的一个表现就是收入水平不断提升。收入水平要不断提升，就要靠劳动生产率水平的不断提高。劳动生产率要不断提高，就要不断更新技术和产业结构。比如一个低收入国家，其产业主要是农业，当它进入中等收入阶段，主要产业会变成制造业；当它进入高收入阶段，主要产业会变成服务业。

现代化过程不仅体现为上述产业结构的变化，而且体现为每个产业所用的技术的变化。以农业为例，低收入的传统农业一般用农户自留的种子和农家肥，现代农业将这些升级为改良的品

---

[1] 本文根据林毅夫2019年9月29日在第三届气候变化经济学对话上的发言整理。

种、化肥、农机等。制造业也是,传统制造业是手工作坊,使用简单的工具,现代化制造业所用的机器设备越来越多,对电力、交通等基础设施的要求也越来越高。

总体而言,农业的能源使用和排放密度低于制造业,服务业的能源使用和排放密度也低于制造业。传统技术的能源使用密度和排放密度都接近于零,但现代化技术在农业、制造业、服务业中的能源密度和排放密度都越来越高。美国经济学家库兹涅茨在20世纪50年代就提出,在经济发展过程中,环境的变化呈现出倒U形曲线——刚开始都是青山绿水,但非常穷;进入中等收入阶段,主导产业转向制造业,同时农业使用现代化技术,能源和排放密度提高,环境也随之恶化。当一个国家慢慢进入高收入阶段,主导产业则变成服务业。服务业不需要用太多的机器设备,以人力投入为主,对电力、交通等条件的要求下降,单位产值的能源密度和排放密度也开始下降,环境也相应地得到改善,随着收入水平的提高也可以运用更多的资源和手段来治理环境。

理清经济发展与环境污染的逻辑关系

中国自改革开放之后,经济发展速度非常快,但环境恶化程度也相当严重。国内理论界和舆论界由此把中国环境问题的严重性归因于改革开放以后的发展速度太快,是在以牺牲环境为代价换取经济快速发展。

我认为这个说法未必正确。环境恶化的确与经济发展有关。改革开放初期，中国有81%的人口生活在农村，以农业为生，采用的也是传统技术，比如大多用人力和畜力耕地，当时环境很好。随着经济发展，制造业崛起，农村也开始使用拖拉机和化肥，排放密度和污染程度加重，环境恶化。

但我们不能就此得出结论：因为牺牲了环境，所以取得了超快速的发展。我们不妨将中国与印度做个比较。

1978年，印度的人均GDP比中国高30%，如今只有我们的20%。也就是说在过去的40多年间，印度经济发展速度比我们慢得多，如果按照以牺牲环境换取发展速度的逻辑，印度的环境应该比我们好得多，但事实并非如此，无论按世界银行还是其他国际组织的标准，印度的环境指标都比我们差很多，所以这种简单的归因未必科学。

如果我们掉进某些人的逻辑陷阱，为保护环境而放慢经济发展速度，那意味着什么？意味着我们会放慢进入高收入阶段的速度，延迟进入以服务业为主的低耗能、低排放阶段，这样做的结果是我们要在以制造业为主的中等收入阶段停留更长的时间，增加重污染阶段的时长。此外，由于延缓进入高收入阶段，我们的收入水平相对较低，治理环境的能力也相对较弱。

因此，我们首先要认清经济发展、结构变迁与环境之间的关系和规律。否则，空有良好的愿望可能使治理的代价更高，问题存在的时间更长。

认清全球气候变暖问题的根源与责任

随着经济的快速发展，环境问题最终会减轻，甚至得到彻底解决。但从国内和国际两个方面的新情况来考虑，中国政府都不可以放手不管，单靠经济发展、产业结构变化来自动解决环境问题。

首先，随着中国人均收入水平的不断提高，人民的需求在变化。过去我们的主要矛盾是人民日益增长的物质文化需要同落后的社会生产之间的矛盾。如今进入中国特色社会主义的新时代，我们的主要矛盾已经转变为人民日益增长的美好生活需要和不平衡不充分的发展之间的矛盾。美好的生活环境是"美好生活需要"的内容之一。因此，化解环境恶化的问题上升为中国经济发展的主要矛盾之一。

其次，与环境恶化问题同根同源的全球气候变暖是当前国际需要化解的一个主要矛盾。气候变暖一方面造成海平面升高，淹没很多沿海耕地和城市，对一些国家带来重大影响。另一方面导致极端气候增多，比如个别地区的大雨、洪水、连续干旱给当地人民的生产、生活带来了不利影响。

气候变暖的根源在于大气层里二氧化碳累积过多，二氧化碳的累积开始于18世纪中叶的工业革命。发达国家率先进入以制造业为主的阶段，能源使用密度大幅提高，其生活方式的改变，包括使用更多汽车、轮船、飞机等高耗能的交通工具，也进一步加大了二氧化碳的排放量。这是全球气候变暖的历史成因和主要原因。

全球气候变暖主要是由少数国家和地区造成的，非洲等仍处于低收入阶段的国家对全球气候变暖的影响微乎其微，但这样的危害是由全世界共同承担的，发展中国家应对海平面上升和极端天气的能力相对比较弱，受害更严重。在化解这类问题上，国际上已经形成共识，发达国家和发展中国家应该继续坚持承担共同而有区别的责任。

发展是每个人的权利，也是每个国家的权利。不应该为了应对全球气候变暖而要求发展中国家不进入制造业阶段，要求发展中国家长期停留在低收入、低能耗、低排放的农业阶段，这对它们来说不公平。这样会使全球贫富差距越来越大，进而带来其他一系列经济、社会、政治问题，对全世界产生的冲击和伤害未必小于气候变暖。非洲现在有 11 亿人，70% 的人在 30 岁以下，50% 的人在 20 岁以下。预计到 2050 年，非洲会有 24 亿人口，其中绝大多数是年轻人。如果非洲不进入工业化阶段，不提高收入水平，就很难维持社会和政治稳定，会引发更多人道主义危机。当地人口一旦在非洲本土生存不下去，必然会出现大量向欧洲流动的合法和非法移民，造成欧洲国家的各种民族和文化的冲突，以及政治和社会的不稳定。不只是非洲，南亚、中亚、拉丁美洲也有同样的问题，尊重发展中国家的发展权利是全球必须共同承担的责任。

因此，我们不仅要关注全球气候变暖，还要考虑发展中国家需要以经济发展结构的变迁应对人口爆炸的冲击，并在两者之间找到平衡。

在我看来，国际社会首先必须承认发展中国家拥有发展的权利，承认并接受在它们发展过程中二氧化碳排放和能源使用密度会有所提高的事实。同时，在应对气候变暖上，各国要勇于肩负共同而有区别的国际责任，发达国家有责任率先减少二氧化碳排放，并帮助发展中国家在发展过程中降低每单位人均GDP增加的碳排放，提高能源使用的效率。

中国要勇于担负更多的国际责任

中国还是发展中国家，但在应对全球气候变暖问题上可以比其他发展中国家做得更多一点，甚至成为一个领导者，原因如下。

第一，中国是大陆型国家，环境污染或气候变暖的后果以我们自己承受为主，外部性比其他国家小。中国需要防止因东部沿海的海平面上升而对胡焕庸线以东的地区造成恶劣影响，那是中国主要的经济活动区。中国还要抵御极端天气的冲击。减少气候变暖的影响对中国的好处远大于对其他发展中国家的好处，因此，中国有理由承担比其他发展中国家更多的应对责任。

第二，化解全球气候变暖的关键不在于放缓经济发展速度，而在于实现节能减排相关技术的突破，因为中国的主要矛盾发生了变化，为继续推动经济发展并满足人民日益增长的对美好环境的需求，中国率先在节能减排技术上取得了突破，这些新技术设备的生产可以成为中国经济的新增长点，甚至成为能够出口的竞争优势。如果中国能走出一条以新技术推动经济发展与环境和谐的新道路，作为一个大国，中国便可以站在全世界的道德制高点上，为其他发展中国家提供发展和应对气候变暖方面的新经验、新技术。

基于以上两个理由，在解决环境和气候变暖问题上，中国既要在国际上继续坚持承担共同而有区别的责任，也要做得更多一些，起到表率作用。

解决全球气候变暖的措施

全球气候变暖怎么解决呢？

一种措施是进行能源革命。气候变暖和环境污染的大部分原因是二氧化碳排放。因此我们应该转变现在煤炭＋石油的能源结构，逐渐开发新能源，包括水力、天然气、太阳能、风能、地热、潮汐、核能等。这些能源中既有可再生能源，也有清洁能源。另一种措施是进行技术革命，发展节能减排技术，并将技术普及到每个家庭、每个企业中。这是面对全球气候变暖应有的认识。

解决全球气候变暖的方向是明确的，但单靠市场很难解决，需要政府制定可行且有效的环保政策。对内首先要认识到发展是硬道理，不要错误地把发展与环境保护对立起来，这个观念不够科学，发展本身就是解决环境问题的手段之一。其次是要从供给侧和需求侧的政策方面下功夫。在供给侧，可以通过税收、产业发展基金等手段促进能源革命、技术革命，支持新能源技术或新节能减排技术的创新研究。在需求侧，可以用税收或者碳交易等手段让污染付出代价，让节能减排更有收益，以鼓励企业与家庭更多地使用替代能源，主动节能减排。

对外，中国可以站在道德的制高点上，强调在应对全球气候变暖上发达国家和发展中国家要承担共同而有区别的责任。中国一方面要继续坚持发达国家必须承担更多的责任，另一方面作为发展中的大国，也要勇于承担更多责任。在帮助发展中国家争取发展权和发展空间的同时，也要为其他发展中国家提供相应的新技术。

总而言之，在应对全球气候变化方面，中国应注意以下三点。

第一，发展是结构变迁的过程，环境变化会呈现出库兹涅茨发现的倒 U 曲线，这是发展过程中不可逾越的规律。

第二，不论是从我们国内人民需求的变化，还是应对全球气候变暖的挑战的角度来看，我们都需要在供给侧发挥有为政府的作用，以政策引导新能源革命和新技术革命，同时也需要在需求侧更主动地、以更大力度推动节能减排，而不是全部依赖于市场自发的力量。

第三，在认知上，我们对内不要把发展与环境对立起来，对外应该站在道德制高点上帮助发展中国家争取发展的权利和空间，同时提供可行的新技术，让发展中国家在发展的过程中尽量不重复发达国家的老路，至少尽量以更低的环境代价取得发展。

第 6 章
大国关系的新动向与地区经济合作

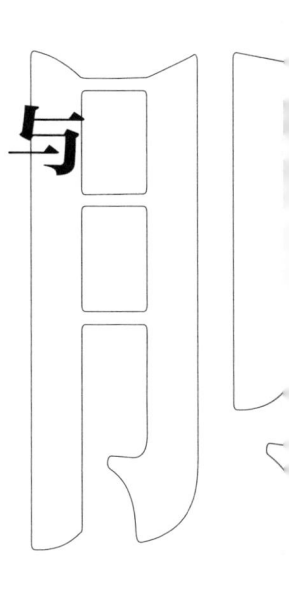

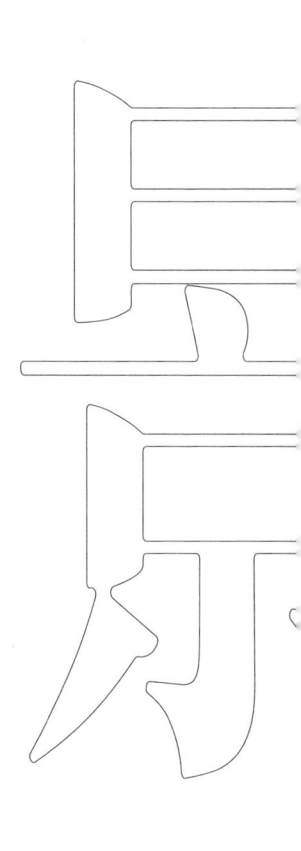

我所认识的斯蒂格利茨与美国真相[①]

斯蒂格利茨教授曾是世界银行的高级副行长兼首席经济学家，算是我的前任，他从1997年开始担任此职，我从2008年开始担任。从某种角度来讲，我还是他的私淑弟子：他2001年荣获诺贝尔经济学奖的最主要贡献就是对信息不对称理论的研究，这个理论对我写博士论文及后来的工作都有很多影响。

1992年，我在《美国经济评论》上发表了博士论文，研究的是中国农村的生产队使用的工分制为什么不能调动农民的积极性，就是受他的信息不对称理论的启发。1990年，我在美国《政治经济学》杂志上发表论文，讨论在人民公社、农村合作化过程中，如果剥夺了农民的退社权就会抑制农民的积极性，也是受他的信息不对称理论的启发。

1993年，我在北京大学创办国家发展研究院的前身中国经济研究中心，虽然斯蒂格利茨教授是诺贝尔奖级别的经济学家，地位非常高，但我每次请他到北大来演讲，或是请他对我的新书写评论，他都欣然答应，而且从不计酬。

利用今天这个机会，我首先想感谢斯蒂格利茨教授对我学习

[①] 本文根据林毅夫2020年7月3日在约瑟夫·斯蒂格利茨教授的新书发布会上的讲话整理。

和工作上的帮助。今天的分享，我主要谈三个方面，一是我所认识的斯蒂格利茨教授；二是为什么他对美国社会的分析鞭辟入里，但开出的药方未必被接受；三是《美国真相》这本书对中国有什么启发。

我所认识的斯蒂格利茨

斯蒂格利茨教授在书中的前言里回顾了自己的一生，谈得非常精彩，对他的学习、人生追求已经有详细描述。我想基于我过去 30 多年跟他个人的交往谈谈我所观察到的斯蒂格利茨教授。

我觉得他特别像中国所推崇的"以天下为己任"的知识分子，而且他相信学习理论的目的是为了认识世界、改造世界。

1979 年，斯蒂格利茨教授在 36 岁时获得了美国经济学会的克拉克奖，这个奖是颁给在 40 岁之前对经济学做出重大贡献的经济学家的最高奖项，得此奖者很有可能获得诺贝尔经济学奖。

他的理论贡献非常突出，大家知道他一定会获得诺贝尔经济学奖，但他不满足于书斋里的成就。

1995—1997 年，他先是成为美国总统经济顾问委员会成员，然后担任该委员会主席，亲身参与克林顿总统时期美国政府经济政策的制定。1997—2000 年，他进入世界银行担任高级副行长兼首席经济学家。他承担这些工作是为了把他在经济学理论方面的认识应用到政策实践中去。2000 年离开世界银行后，他又不辞劳苦地在非洲、中国以及世界其他地方向政府、社会提供政策建议，以不懈的努力推动社会和整个世界的进步。

与此同时，斯蒂格利茨教授笔耕不辍。他的履历有135页，出版了数十本著作，撰写了几百篇文章。仅2010—2020年这11年间，他就出版了11本专著，谈的都是当前美国和世界最重要的问题。2010年他出版了《斯蒂格利茨报告：后危机时代的国际货币与金融体系改革》和《自由市场的坠落》。2019年他出版了《超越GDP》和我们现在讨论的这本《美国真相》。这些著作谈论的都是世界上最重要的问题，都在向世界提供他的真知灼见，以知识的力量改变世界。

斯蒂格利茨教授还是一位特别有道德、有勇气的经济学家。《孟子·公孙丑上》里讲"自反而缩，虽千万人，吾往矣"，他就是这样的人。

1997—1998年，亚洲金融危机爆发，当时新自由主义盛行，华盛顿的国际货币基金组织以及世界银行都遵循新自由主义政策，推行"华盛顿共识"方向的改革。但斯蒂格利茨教授当时就站出来公开反对国际货币基金组织的这些政策主张，赞扬马来西亚前总理马哈蒂尔管控资本以稳定金融和经济的办法。这一举动违背了当时的新自由主义观点，他也因此被迫提前从世界银行高级副行长兼首席经济学家的职位上退了下来。

2008年国际金融经济危机以后，美国和欧盟政府都开始遵循斯蒂格利茨教授的观点。国际货币基金组织也在2010年正式采用他的政策建议，认为发展中国家有必要进行资本账户管理，而不是新自由主义所主张的资本账户自由化。

另外，中国经济这几十年来发展得非常好，但批评中国、认为中国经济即将崩溃的观点在美国属于政治正确，不批评中国反倒不合时宜。但在《美国真相》这本书以及斯蒂格利茨教授之前的著作和演讲中，都高度赞扬中国在改革开放以后取得的成绩。

美国会不会接受他的药方

斯蒂格利茨教授在书中对美国现在的经济、社会、政策问题分析得鞭辟入里，深入剖析了美国现在很多问题的根源。我个人希望美国政府采纳他的建议，进行必要的改革，因为他提出的这些改革药方对美国、中国乃至全世界都非常重要。

比如面对新冠肺炎这样的全球大流行传染病，美国身为头号强国应该协调全美、全世界的力量共同抗疫。除了传染病，全球还有气候变暖、金融危机等问题，这些都需要协调全世界各国的力量来克服。

美国作为当今世界头号强国，应该是这方面的领袖。但如果美国内部的经济问题不能解决，很可能导致它不顾全球领导职责，只关心自己国内的问题，进而导致全球性危机无法得到有效协商应对。而且，如果美国内部的经济、社会、政治矛盾重重，它势必没有信心以真正公平竞争的方式面对包括中国在内的其他国家经济的快速发展，也就必然会像这几年对待中国一样，不断为自己内部的问题寻找替罪羔羊，并利用自身的科技、军事霸权来抑制中国的发展，置公平竞争于不顾。

斯蒂格利茨教授开出的诊断和药方非常到位，但遗憾的是，这些诊断和药方在美国真正被接受的可能性很低。因为美国现行的政治体制被极少数权贵阶层绑架，表面上是一人一票，实际正如斯蒂格利茨教授在书中所言，是一美元一票，政治体制被权贵阶层的利益绑架，贫富差距扩大、产业空心化、中产阶层不断缩小等问题越来越严重，进而由内部矛盾冲突激化导致民粹主义抬头。

特朗普就是利用因蓝领阶层、中产阶层衰落而产生的民粹主义上台的，上台后又为了自己的连任以及党派利益使政策向权贵阶层倾斜，比如他推行的减税政策，受益最大的还是有钱人。

如书中所言，除非美国发生一场革命，否则这些深层次的、结构性的问题很难得到解决。但即使有一场革命，美国至今还有1/3的人支持特朗普，加上美国的知识精英还有左右之分，像特朗普这样的领导人上台的机会依然很大，政策上很可能只是新瓶装旧药，老问题会继续存在。

斯蒂格利茨教授的诊断和药方，其实在过去十几年里他反复在谈，但始终没有得到落实。结果是美国的问题越积累越大，害怕丧失世界霸主地位的焦虑感越来越重。面对全球性问题的暴发，美国选择了放弃领导者角色，甚至成为全球性协调的重要阻力，在外面为国内的问题寻找替罪羔羊，不断甩锅给中国。

《美国真相》对中国的启发

我非常赞成斯蒂格利茨教授的主张：我们应该追溯经济发展的本质，以及发展的目的。

经济发展的本质是收入水平不断提高、技术不断创新、产业不断升级，是不断创造新知识并运用到生产中，使生产率不断提高。在这个过程中，要通过市场竞争来激励创新，并实现有效的资源配置，同时还需要政府主动克服市场失灵，不断完善基础设施并提供各种合宜的制度安排，包括给走在技术前沿的产业提供基础科研支持。

经济发展的目的是提高所有人的收入水平，让所有人在发展过程中受益。政府和社会不仅要向鳏寡孤独废疾者等弱势群体提供帮助，还要防止金融寡头、科技寡头对财富的垄断。这就不仅需要有效的市场，还需要有为的政府，这也是这些年我提倡的新结构经济学所主张的："两只手"都要用。

美国自1776年建国后一直是市场经济国家，其重点是怎么处理政府与市场的关系。对此，美国有两派观点，一派是以亚历山大·汉密尔顿为代表的汉密尔顿主义，提倡政府要积极有为，另一派是以托马斯·杰斐逊为代表的杰斐逊主义，强调有限的政府，政府最好少管。

我最近看到一篇文章，其中引用了学者埃里克·莱特纳2007年的一段论述：美国对政府的这两种作用模式一直有争论，但是美国重视实用主义，后来的解决办法是杰斐逊主义主导话语权，鼓吹政府少管为好；汉密尔顿主义主导政策权，即在政策制定上，美国政府又在绝大多数时候表现得非常积极有为。

这让我想起了1991年在匈牙利参加世界银行举办的东欧国家经济转型研讨会的情形，斯蒂格利茨教授也同期参会，并在会上建议东欧国家要按照美国做的去做，而不要按照美国说的去做。非常遗憾的是，东欧国家没有采纳他的建议，按照美国做的去做，而是按照美国说的去做了。结果大家都知道了，这些转型经济体出现了经济崩溃、危机不断、发展停滞、贫富分化等问题。

中国有一句话，叫"谎话讲一千次，自己都会相信"。美国建国以后，杰斐逊主义主导话语权，汉密尔顿主义主导政策权，但由于美国不断宣称杰斐逊主义，后来自己也相信了，里根和特朗普也都相信了自己的谎话。于是，美国在里根总统之后也推行了新自由主义，导致了《美国真相》这本书中所指出的收入分配恶化、寡头垄断、政府被权贵利益集团绑架等问题。

中国比较幸运，在转型的时候虽然也借鉴了西方的理论，但在改革中一直强调解放思想、实事求是、与时俱进，从而避免了新自由主义的弊端，得以在转型过程中维持宏观稳定，经济快速发展。

当然，我们也还要不断完善社会主义市场经济制度。十八届三中全会提出，全面深化改革，要让市场在资源配置中起决定性作用，同时要让市场发挥积极的作用，也就是有效市场和有为政府这"两只手"都要用。并且，我们确定发展的目的是要让老百姓的生活越来越美好，整体经济、社会的发展都以人民的利益为出发点。

在这种情况下，我相信中国在发展的过程中能够避免美国金融、科技寡头垄断绑架政治体制的问题，从而避免像美国这样，作为头号强国被自身的问题困扰，放弃了应有的全球领导权和领导风范，无法为世界做出应有的贡献，甚至成为全球问题的制造者。

疫情及单边主义双压力下，
中国经济发展如何破局[①]

疫情下中国经济 V 型反弹：不确定中的确定性

在疫情影响下，中国经济能够实现正增长，得来不易，非常令人振奋。中国受到新冠肺炎疫情冲击后，迅速采取必要的防控措施，很快把疫情控制住，才给第二季度的 V 型反弹创造了基础。中国也采取了必要的措施来帮助中小企业、帮助家庭，以助其恢复生产，让消费保持增长。目前大部分国家的疫情还没有完全控制住，在充满不确定性的状况之下，中国的 V 型反弹是不确定性当中的确定性，令人感到振奋和鼓舞。

2021 年会继续保持复苏，国际货币基金组织预测 2021 年中国的经济增长可能达到 8%，我觉得完全有可能。具体会实现多少，一方面取决于国际的经济形势，如果国际经济复苏的情况比

---

① 本文根据林毅夫 2020 年 10 月 23 日接受央视记者专访的发言整理。

较好，我们的出口比较多，我们的增长也会比较快；另一方面也取决于我们自己的改革情况，如果我们改革到位，把各种因素都调动起来，那么我们的增长情况就会相对更好。总的来讲，我觉得在正常的状况下，我们有 8% 的增长潜力，维持 6% 左右的增长是完全有可能的。

国内大循环为主体，保持经济复苏势头

大家都说中国是出口导向型的经济体，但 2019 年的数据显示，出口只占我们 GDP 的 17.4%，所以国内市场和国内循环在中国有举足轻重的地位。在当前疫情冲击、中美贸易摩擦的背景下，国内市场就显得更加重要，以国内大循环为主体的进一步明确，增强了我们的信心。

过去说我们是出口导向型的经济，难免会让人觉得如果中国的出口受到影响，经济就要受到很大的不利影响。实际上我们是一个很庞大的经济体，如同一艘大的航空母舰，即便外部风雨飘摇，也能稳步向前。

我并不是说国际经济环境、国际市场、国际循环不重要。每个方面都要发展好，充分利用国内、国际市场的思路是对的。就制造业而言，市场越大获利的可能性就越高，利润增多之后，进行下一步投资的资金就更充足，企业下一步的研发能力就更强，所以国际市场也非常重要。同时，国际资源也很重要。因为总有一些自然资源我们是相对短缺的，在一些高科技领域我们也还不

具有绝对优势。过去有一些优势的劳动密集型产品随着工人工资的上涨，逐渐丧失比较优势，对于这类产品，我们也会慢慢地从原来的出口转为进口。所以利用国际市场、国际资源，也是我们发展的重要方式。

国内国际双循环发展格局难点解析

要打造国内、国际双循环互相促进的新发展格局，首先最重要的是要形成以国内大循环为主体的格局，要提高收入水平。收入水平越高，经济体量就越大，国内循环就越好；收入水平越高，服务业占比越高，服务业大部分不可贸易，在这种状况之下，国内循环的比重就会进一步提高。

怎么提高收入水平呢？当然是利用我们比较好的发展空间继续发展，同时全面深化改革，让市场在资源配置中起决定性作用，完善金融体系，消除户籍制度障碍，促进劳动力的流动，落实土地政策等。这些都是能够提高经济效益、优化资源配置的方法，只有这些都完善了以后，才能够让生产潜力得到更好的发挥，从而令居民收入水平不断提高。

如何应对单边主义：保持国内经济高质量发展

针对一些国家的单边主义、保护主义抬头的这类问题，最重要的还是做好我们自己的工作，继续发展，让我们的市场越来越大。其他国家要想发展好经济，也要利用国内、国际两个市场、两种资源。中国是最大的市场，2008年以来，全世界每年30%的市场增长是在中国。在这种状况之下，只要我们的经济保持高质量的发展，其他国家为了自己的发展，就会与我们保持良好的关系。

从某种角度来讲，美国希望日本、欧洲都跟我们脱钩，但我们知道，不利用中国市场对它们是有损失的，这样对它们而言是杀敌一千，自损八百。

美国那样做可能是想防止中国超过它，要维持自己的世界霸权，但日本、德国等国家没有理由采取与美国相同的做法。所以我们只需要做好自己的工作，一方面深入改革，一方面扩大开放。只要我们扩大开放、扩张市场，美国想让中国跟国际脱钩、围堵中国的做法，只会让它自己陷入跟国际脱钩和被围堵的困境。

应对全球经济下行，中国政府该怎么做[①]

疫情暴发现状及其对经济的影响

中国 2019 年的 GDP 增长率为 6.1%，2020 年的预期增长率是 5.6% 或更高，只有这样才能保证在 2020 年实现第一个百年目标。2019 年年底和 2020 年年初，多数人都觉得 2020 年完成这个增长目标不难，但疫情暴发让我们始料未及。

这次疫情从武汉开始暴发，1 月 23 日武汉封城，很快全国都采取了类似的防疫措施。2020 年春节及节后的很长一段时间，大部分中国人都在家中隔离。大部分经济活动在 2020 年 2 月停止或转移到线上，2020 年 3 月局势逐渐可控，政策重点转向了复工复产。

目前，复工复产的速度较慢。据调查，虽然 90% 的上市企

[①] 本文根据林毅夫 2020 年 3 月 31 日在国际经济形势分析网络视频会上的发言整理。

业都已经复工，但由于担心第二波疫情，一些地方还是采取了偏严的防控措施。

2020年3月起，欧美发达国家疫情暴发，许多出口产业订单骤减，除了和防疫有关的物资和设备生产，制造业的实际复工率可能只有30%，餐饮、娱乐等和人群聚集有关的行业复工会更慢。

此次新冠肺炎疫情的世界大流行从中国、日韩、东南亚国家快速蔓延到了欧美，各国都相继采取了封城、封国的措施。

2020年3月底，美国总确诊数已达全世界之最。在这次疫情的影响下，加之油价的崩盘和美国股市两周内的四次熔断，美国股票市场跌幅已达30%，欧洲股票市场也受到重创。

美联储和美国政府虽然采取了快速而强有力的措施，欧洲国家，比如德国也采取了积极的措施，但贸易还是受到了重创。

中国是世界第二大经济体，也是最大的出口国，疫情对中国国内经济的影响很大，对全球经济影响也很大。

为中国经济和产业带来不确定性

疫情除了同时冲击了需求方和供给方，还带来了巨大的不确定性。

疫情暴发，需求大幅萎缩。虽然线上购物和线上娱乐产业有较大增长，但线下产业受到了很多影响。疫情也冲击了供应端，对城市造成了冲击，也对农村造成了冲击。

同时，欧美国家的疫情得到控制的时间难料，南半球的发展中国家的疫情也存在较大的不确定性，这会对全球股市和国际贸易造成巨大影响。

疫情防控期间，中国经济受到巨大的负面冲击，尤其是中小企业生存境遇严峻。根据清华大学最近对私营企业的一份调查，约85%的民营企业很难熬过三个月。

如果疫情和封城措施持续下去，加上国外出口市场的萎缩，大多数中小企业很难活下去。同时，城市地区失业率已快速上升，这会连带导致许多农村家庭和低收入人群遭受重创。

城市失业率已经从5.2%上升到6.2%，上升了100个基本点，而2008年发生金融危机时的失业率也只是从4.0%上升到4.2%，上升了20个基本点。农村地区没有正式调查，但情况肯定更糟。

国际金融协会预测，全球衰退马上就要到来。2019年，它们预测全球经济增长率是2.6%，现在下调到了负1.5%，美国的经济增长率也会出现负增长，欧洲也会是负增长。

应对疫情，中国政府有哪些政策工具

中国的增长必须依赖国内市场和国内需求。过去政府应对经济危机主要靠投资拉动，但这次需要同时保护家庭、保障消费，帮助企业渡过难关。

在保护家庭方面，美国政府直接给每个人发放了1 200美元，但直接发钱并不是最好的方法。想要促进消费，更有效的方式是给城市贫困户、低收入家庭、失业人群和受影响的复工人员提供消费券。在农村地区，必须加强社会保障网，提高低保水平，保障基本生活。另外要支持企业，如免税或者减低税率、推迟社保医保缴费、提供流动性支持等。尤其要帮助中小企业，因为它们可以提供大量的就业岗位，是全球产业链的重要组成部分，它们的生存对中国渡过难关后保持全球制造业地位起着至关重要的作用。

这些建议已经在讨论或实施了。我们大概会有 1 万亿元（约 1 500 亿美元）的刺激计划。政府也向银行下达了指令，要求它们为企业提供延缓利息支付服务，或者为中小企业提供一些特殊的借贷便利等支持。

中国经济增长的一个重要的推动力是投资。政府可以使用积极的财政政策和灵活的货币政策刺激投资。在过去，出口市场是和私营投资紧密联系在一起的，而这次可能无法由私营部门来增加投资了，因为我们的出口市场受到了重创。政府需要发挥更加积极的作用刺激投资。为此，政府已经提出一系列的新基建项目，包括 5G、云计算、人工智能等。此外，也可以投资常规的基础设施，通过建设高铁、城市间轨道交通网，构建起更多、更有效率的城市群。

政府可以使用积极的财政政策，也可以允许政府负债率上升。过去中国政府把每年的财政赤字控制在 GDP 的 3% 以内，而当前遭遇供给和需求双杀，2020 年应该允许政府财政赤字率上升到 GDP 的 3% 以上，甚至增加 2~3 个百分点。

其他可选择的政策工具还包括发行特别国债并由央行购买、扩大开发银行贷款规模、增加地方专项债项目等。

2021年第一季度中国的经济增长率预测在-6%~-10%，第二季度可能在1%上下，全年增长主要依靠第三季度和第四季度由投资拉动的反弹，如果能达到10%，那么，全年的增长率会在3%~4%。

从中国的财政和货币政策的空间以及政府的执行能力来说，要全年达到5%或更高的增长并非不可能，但那样第三季度、第四季度的同比增长需要达到15%左右。

考虑到疫情防控需要常态化和全球金融经济的不确定性，在2020年度勉强去达到这样的目标也许不是最好的选择。在全球经济负增长的情况下，能达到3%~4%的增长已经是很了不起的成绩了。

更多地支持家庭和中小企业

这次中国应该更多地支持家庭和中小企业。支持家庭有两种方法，一是给现金，二是发消费券。我个人认为消费券更有效，因为人们拿到现金可能不会去消费，所以不会直接转化为需求。根据地区和月份的不同，消费券可以相应地有一些变化，但重点是要去扶持贫困、低收入家庭和失业人员，为他们提供基本保障。中国政府也需要帮助中小企业渡过难关，保住我们在全球产业链中的份额是非常重要的。中国政府已经对中小企业采取了减税、减费等方面的措施。我们还需要给它们一些财政方面的支持，比如到期债务的展期和新的贷款机制等。

政府的刺激政策需要考虑投资效率。5G 等新基建项目，以华为为代表的企业可能会从中获得很大利好；围绕建设数据中心的相关政策，很多私营企业会从中获益；还有一些城镇化项目，如建设城市群间的轨道交通网、高铁项目等，也将为相应企业注入新的活力。

投资项目的选择要以进一步提高中国的生产力水平为依据，虽然政府支持的项目一部分会分给国企，但我认为这次大多数的公司（无论是国有还是私营企业）都会受益。

重视国际合作

国际合作非常重要，我也非常高兴看到在 2020 年 3 月 19 日的网上 G20 峰会上，二十国集团宣布将启动 5 万亿美元的经济计划，以应对疫情对全球社会、经济和金融带来的负面影响。

这一举措对南半球的发展中国家尤为重要，它们的防疫能力和医疗条件有限，疫情防控可能不会很有效，除了分享经验，国际社会还应该给它们提供资金，让它们能够采取合适的防疫措施，包括提供个人防护设备、医疗设备等。

另外也需要更多的国家联合起来，不然可能会有第二波、第三波疫情的暴发，甚至到有效的疫苗问世之前都未必能把疫情完全控制住，所以国际合作非常重要。

应对中美关系，开放式发展是硬道理[①]

如何长远解决中美关系

北京大学国家发展研究院从一开始就非常关注中美贸易的争端，也一直在跟踪并提出我们的看法和建议。2018年3月，特朗普提出要对中国价值500亿美元的出口产品实施高关税，当时我就做了主题报告，提出了三点看法。

第一，"项庄舞剑，意在沛公"。从数据上看，中国对美国贸易顺差大，美国贸易逆差大，但是贸易不平衡只是美国一系列对华政策转变的借口。贸易在本质上是双赢的，这是经济学常识。不仅如此，美国贸易逆差大，根源是美国内部的结构性问题，并非源于所谓的中国对美国出口的不公平政策。既然贸易是双赢的，特朗普在贸易上做文章，而且主要针对"中国制造2025"

---

① 本文根据林毅夫2019年12月15日在第四届国家发展论坛上的发言整理。

的产品采取措施，其根本目的是要抑制中国的发展。抑制中国发展现在已经成为美国两党的共识，因此，我们必须有打持久战的准备。当然，中美关系好要比关系不好强，若能在贸易上达成一个阶段性协议，还是要努力去达成的，但也不要指望协议达成以后，就会给中美关系带来彻底转变。

第二，中美贸易关系即使到了最糟的情况，对我们的影响也在可承受的范围之内。如果能够有协议，不利的影响会低些。所以对第一阶段协议的达成，中国应该抱着欢迎的态度。纵然协议在表面上不够对等，但多出的部分是中国原来就想做的事，所以不用去计较表面的对等。

第三，长远解决中美关系问题，关键在于做好我们自己的工作。这包含两个方面：一方面，要利用一切有利条件，继续发展好经济，发展才是硬道理；另一方面，要继续扩大开放。只要中国发展得好，市场越来越大，并继续坚持开放，就有利于我们充分利用国内、国际两个市场、两种资源。我们每年对世界经济增长的贡献率已经达到30%左右，坚持开放式发展，未来几年，我们对世界经济增长的贡献应该会更多。如果我们能保持全世界的经济增长主要在中国，那么其他国家基于自身利益，也会重视与中国一起成长的机遇。如此一来，就会有更多的国家和我们站在一条线上，和我们成为朋友，包括日本、欧洲国家以及其他发展中国家。这样就可以避免重回冷战的格局，即世界划分为社会主义国家、资本主义国家两个阵营，老死不相往来。我相信，只要中国坚持开放，不断发展，美国的单边行动最终只会造成它自己的孤立，我们和其他国家依然可以保持良好的经贸关系，甚至更上一层楼，这非常有利于世界和我们自己的持续发展。

以上几点看法是我在 2018 年 3 月提出的，目前看来，整体发展趋势还在我们的意料之中。因此，只要我们做好自己的工作，相信中美关系最终将如李白的诗中所描述的那样："两岸猿声啼不住，轻舟已过万重山。"

不同国家走不同的道路

我们坚持和平崛起，也明确提出要构建人类命运共同体。本着己立立人、己达达人的精神，既谋求自身的发展，也希望其他国家可以发展。发展是所有国家的共同愿望，帮助后进国家发展是先进国家的责任，这是中国和其他发展中国家以及发达国家和谐共处的基础。

二战以后，世界上形成了以发达国家为主的国际治理体系，其中包括世界银行、联合国开发总署等机构，以及双边的发展机构像美国援外总署、英国的国际发展合作部等，其目的是帮助发展中国家发展经济，摆脱贫困。发达国家还给发展中国家提供了多达 4.6 万亿美元的发展援助。这些制度安排和发展援助的意愿很好，但是效果有限。二战后的 200 多个发展中经济体中，到现在只有中国台湾地区和韩国从低收入经济体进入了高收入经济体行列。2008 年国际金融经济危机爆发时，1960 年认定的 101 个中等收入经济体中只有 13 个成了高收入经济体。所以，虽然每个发展中国家都有发展的愿望，也得到了发达国家提供的援助，但能够摆脱贫困，实现追赶上发达国家的梦想的发展中国家和地区凤毛麟角。

为何过去发达国家在帮助其他国家发展时，出钱出力，但效果有限？原因之一是美国等发达国家通常会要求接受国按照美国的政治、社会治理模式和理论来改造自己的国家，忽略了经济基础决定上层建筑的道理。美国的初心可能是好的，但事与愿违，大多数发展中国家并没有因此而发展起来。少数发展起来的，比如日本、新加坡等，并没有照搬美国开的药方。

所以，中国提出构建人类命运共同体，在进行发展合作时承认不同的发展中国家有自己的文化传统，各自的发展会有路径依赖，而不把自己的治理方式强加于人，对其他发展中国家的政治、社会制度和发展道路的选择给予尊重。同时，我们发现发展中国家发展的最大瓶颈是基础设施，中国倡议的一带一路以基础设施的互联互通为抓手，得到了广大发展中国家的支持。

允许不同国家走不同的道路，最终条条大路通罗马，都能够实现发展，这是人类的共同愿望。方法虽有不同，但目标、诉求和价值追求是相同的，这是中国和其他发达国家合作的基础。

中国要怎么做

我在这里借用《孙子兵法》中的一句话来表达我的看法，"无恃其不来，恃我有以待之"，意思是我们不要对敌人不来攻打我们抱有期望，重要的是我们要做好准备，这样才有可能避免战争。中美贸易的争端只是一个表象，真正的原因是中国崛起。只要中国崛起，威胁到美国的全球霸主地位，就会出现这种情况。欲加之罪，何患无辞？不管我们怎么做，都会面临美国对我们的制约。关于这一点，我们必须有心理准备。

中美之间的矛盾什么时候会结束？我认为只有到中国的人均GDP达到美国一半、经济总规模达到美国两倍时，美国才会心悦诚服。美国敢于主动对我们发起挑战，就在于它们的科技、军事等实力比中国强，这是美国的底气，它想利用现有优势来制约中国的进一步发展。只要我们坚持开放，坚持发展是硬道理，中美之间的紧张关系因中国的发展而来，也将随着中国的进一步发展而去。

如果中国的人均GDP达到美国的一半，经济总量将会是美国的两倍。届时东部沿海省份加中西部的武汉、长沙、重庆、成都、西安等主要城市的人口加起来有3.5亿，人均GDP将达到和美国相同的水平，其经济规模和发展水平与美国相当，技术、产业水平也会与美国一样先进，美国的科技与军事优势就不存在了，也就不会有阻碍我们的本钱。更何况，那时我们还有另外10亿人，人均GDP将达到美国的30%左右，也属于高收入经济群体，经济规模和美国一样，并且仍然有快速发展的空间。如果我们能发展到这一水平，美国再不甘心也改变不了中国崛起的事实。而且，美国企业的发展也需要有不断扩大的国外市场，美国的经济要发展好、人民要过上好日子也需要充分利用国内、国际两个市场、两种资源，中国是全世界最大的、增长最快的市场，与中国和平友好相处是美国发展的机遇，中美之间的矛盾也将得到缓和。

新结构经济学理论对波兰的积极影响[①]

"本体"和"常无"的应用

古今中外任何一个成为体系的理论、思想,基本都是对"本体"和"常无"这两个原则的应用。举个具体的例子,《论语》里,弟子问孔子什么叫"仁",孔子回答了二十几次,每一次答的都不一样。原因在于,"仁"是儒家哲学的"本体",它的表现方式会因条件不同而不同。

经济学也有自己的"本体",经济学认为人都是理性的。所谓理性的人,在经济学里是说,当一个决策者面临选择时,他总是在可选择的范围里,选择他认为最好的。但不同的人,可选择的范围可能不一样;同一个人在不同的时间,选择也可能不一样。

[①] 本文根据林毅夫接受知名财经主持人姚长盛专访时的发言整理。

经济学的理论，是描述一个决策者在一定条件下如何做选择。但是，条件在不断变化，特定条件之下的选择，无法做到放诸四海而皆准。换句话说，任何经济学的理论都是在刻舟求剑。如果船不动、水不流，剑还会在那个地方。可如果船动了、水流了，刻舟求剑就不对了。任何理论在一定条件下都可能是对的，但是条件可能会变，所以我们要了解现象，就应该重新从最基本的点出发——决策者是谁，要达到的目标是什么，可动用的资源有多少，限制条件是什么，有何种可能的选择，在决策者的若干个选择中，哪一个可能是最好的。

总的来说，在分析问题时，不以任何现有的理论和经验作为出发点，而是以理性原则为出发点，看谁是决策者，面临什么问题，要达到什么目标，有何种可能的选择，哪种对决策者来说是最好的选择，这就是经济学的"本体"。每一次都从"本体"出发，而不是从现有的理论或经验出发，重新构建对问题的理解，这就叫"常无"。

新结构经济学的应用

很多非洲国家对新结构经济学特别感兴趣，非洲的大部分发展中国家，在二战以后，摆脱了殖民地半殖民地地位，开始追求现代化。它们认为发达国家民富国强，必有其道理，把发达国家那套道理学会，就可以拿来改造自己的国家，但实际效果非常不好。绝大多数的发展中国家长期陷在低收入陷阱和中等收入陷阱中。

我们可以发现这样一个规律：没有一个发展中国家按照发达国家的理论来制定政策而成功追赶上发达国家，少数成功追赶上发达国家或是大幅缩小与发达国家差距的地区，其主要政策从主流理论来看一般是错误的。

中国的经验也不能照搬到非洲国家，但是有一个基本规律——经济发展要有竞争力，选择的产业应该符合由当地要素禀赋结构所决定的比较优势，这样要素生产成本才能降到最低。

只有比较优势还不够，还要把交易成本降到最低。不能说企业家开个工厂，还必须自己提供电力供应，改善港口，完善金融体系，然后才能来做投资。企业家做不了这些，需要政府来帮忙做。正如前面所讲的，基本原则是既要发挥市场的有效性，又要政府积极有为、因势利导。

但是，发展中国家的基础设施条件普遍比较差，一些制度安排也充满扭曲性。理想情况下，应该把这些问题都解决掉，但政府没有那么多资源，也没有那么强的执行能力。

对这些问题，中国的经验是像毛主席所说的，"集中优势兵力打歼灭战"，没有办法马上把全国的基础设施和制度安排同时搞好，政府可以先设立一个工业园、加工出口区、经济特区，园区里实行一站式服务，这样就能快速把当地具有比较优势的产业变成具有竞争优势的产业。

这样一来，出口增加了，创造的就业机会也多了，社会比较稳定，大家对未来有比较好的预期。经济发展快了，税收也增加了，政府的资源也多了，能够扩大的基础设施范围就越来越大，这样经济就会进入良性循环。

按照这一思路制定的政策，在非洲国家也取得了立竿见影的效果。

比如埃塞俄比亚，它本来是非洲最落后的内陆国家，过去这5年，它的外商直接投资增加了4倍，工业产值也增加了4倍多，经济增速平均10%，这还是在整个非洲国家出现去工业化的状况之下发生的。它本来是大家认为不太可能发展起来的地方，却参考中国的经验发展起来了。

除了非洲国家，东欧的波兰也借鉴了这套思路。

波兰应该算是苏联解体后转型中表现最好的国家，它的大型国有企业没有私有化，所以没有出现经济崩溃和停滞。但它的经济发展速度也不是很快，就业问题比较难解决。波兰的教育水平比较高，大量的工程师、医生等专职人员移民到了英国、爱尔兰、德国。

2015年10月，波兰法律与公正党上台，它第一次在议会选举中拿到超过半数的席位，该党派宣布要制订国家发展计划。大家听了觉得很奇怪，问道："你要制订国家发展计划是不是又会回到计划经济？"

负责这项工作的莫拉维茨基，当时是波兰副总理兼财政部部长和发展部部长，他公开写文章答复："我们不是回到计划经济，我们是在根据林毅夫教授提出的新结构经济学发展经济。新结构经济学强调政府要完善市场，发挥有为的作用将具有比较优势的产业转化成具有竞争优势的产业。"

我很高兴看到我的理论在波兰产生了效果。

2018年年底，莫拉维茨基从副总理升任总理。2019年1月，他去参加达沃斯论坛，我听到他在演讲里说，波兰人口数为3 800万，占欧盟的10%左右，去年波兰创造的就业机会占整个欧盟的70%。

2019年5月，我到波兰参加会议，看到波兰的就业状况确实发生了很大改变。首先，国内的就业机会多了，再加上西欧的就业状况不是很好，一些流向外地的波兰人回来了。其次，乌克兰等国家的移民也来波兰找工作。可以说，来自中国的经验还是比较适合波兰的。

说回中国经济，从新结构经济学角度来看，中国还是一个中等收入国家，想要实现中华民族的伟大复兴，就要继续发展经济，不断提高生产力水平。怎样提高生产力水平呢？有两种主要的方式：一是不断创新现有的产业、技术，使新的、附加值更高的产业不断涌现出来，然后逐渐把有限的资源从附加值比较低的产业，重新配置到附加值比较高的产业；二是要提高效率。提高生产力水平的着力点在什么地方？从新结构经济学的角度，我根据现有技术与国际技术前沿的差距把中国这样发展程度国家的产业分成了五大类。

第一类，追赶型产业。发达国家有而中国还没有，我们还在追赶；或是中国国内也有这个产业，但技术和产品质量不如发达国家，比如说装备业，有时候同样功能的设备，中国卖100万元，德国可以卖 500 万元。这是因为它的设备质量好、技术高，在这类产业，我们还需要追赶那些比较先进的国家。

第二类，领先型产业。这类产业中国已经处在世界最前沿了，比如家电产业。

第三类，转进型产业。比如劳动密集型的加工业，过去我们在世界上是非常有竞争力的，但是随着劳动力工资上涨，在逐渐丧失比较优势。

第四类，换道超车型产业。这类产业的特性是：一般跟信息通信技术有关，产品研发周期比较短，12~18 个月就是一个周期，投入的资本主要是人力资本，比如手机产业。

第五类，战略型产业。这类产业有的跟国家的经济或国防安全有关，例如战略新兴产业或军工产业，跟第四类产业的特性正好相反，它的产品研发周期比较长，可能是 10 年、20 年，甚至更长，资本投入也比较大。

这五类产业的特性是不一样的，它们都需要参与市场竞争，但市场失灵的地方不一样，这就需要政府因势利导、克服市场失灵。

另外，中国国内经济还在转型，仍存在一些体制不完善的地方，是不是简单地把那些不完善的体制消除就行？新结构经济学认为不是这样。

改革开放初期，中国是一个资本极端短缺的国家，存在需要大量资本，与国防、军工、国计民生有关的产业，它们大多是国企，是没有比较优势的。在开放竞争的市场中，如果没有保护补贴，它们就会全部垮掉，继而会影响国防安全和国计民生，所以一定要给它们保护补贴。

很多人质疑政府给国企保护补贴是因为它们的国有属性，我的看法不完全一样，我认为是因为它们对于国计民生和国防安全都有战略重要性。因为违反比较优势，即使私有化以后，政府同样得给它们保护补贴，而且，私有化以后企业索要补贴的积极性可能会更高。

在改革开放初期，政府给一些国企保护补贴是很有必要的，但是经过40年的快速发展，中国已经从低收入国家变成中等偏上收入国家，很多产业已经符合比较优势，比如中低端装备业的三一重工、徐工集团等企业在国际上也已经很有竞争力了，就不需要给它们保护补贴了。也就是说，改革需要与时俱进。

总的来说，新结构经济学对国内经济发展的主张是，找出产业需要升级的地方，在竞争的市场中让企业家发挥市场敏感度寻找机会，企业家面临解决不了的瓶颈限制时，政府要补位。

中国是世界第二大经济体、第一大贸易国，中国的崛起冲击了美国的霸权。因此，美国利用中美贸易逆差提高关税，项庄舞剑，意在沛公，其实是想要遏制中国的发展。

我想，中国可以从三个方面来应对。第一，贸易是双赢的，中国发展这么快，很多国家想共享中国的发展机会，因此，中国应该继续站在道德制高点上，倡导自由贸易；第二点，对待美国，我们要兵来将挡，水来土掩，只有这样才能让美国的老百姓知道，跟中国的贸易其实对他们是有利的；第三点，继续做好自己的工作，抓住当前的发展机遇，继续深化改革。

在解决中国经济问题的过程中，新结构经济学还提出了"有为政府"的概念，有些人对这一概念提出了质疑。

其实很多东西一经复述就被扭曲了，有些人认为有为政府是反对市场发挥作用。而我强调的是，市场有效是以政府有为为前提，政府有为是以市场有效为依归，它们是相互依存的关系。如果没有政府，市场很难发挥作用。

比如一些非洲国家，政府几乎不作为，按照一些反对政府发挥有为作用、主张依靠市场就可以的经济学家的看法，这些国家的经济应该会发展得很好。可是，非洲的经济没有得到发展，人们的生活也没有得到改善，所以单单靠市场的作用是不够的。

很多人觉得中国政府太强势了，中国政府确实有一些越位的地方，但相比那些政府不作为的国家，中国的经济发展得要好得多。我们应该以"常无"的心态，而不是以教科书的心态来看问题。

我为什么说要有"常无"的心态？因为如果从新自由主义的观点来看中国，可以看到政府确实有越位的地方，有做错的地方。但如果政府全方位退出，市场失灵了谁来补救？所以我觉得不能从现有的理论出发来看中国的现象，而应该从中国的现象来看背后的道理，不要一看到政府有越位的问题，就主张不要政府发挥积极有为的作用，这样会把婴儿和洗澡水一起倒掉。

中国经济靠什么

改革开放已经进行了40多年，与实践对应的中国经济学理论研究却大部分还处在引进的阶段。教材基本是用国外的原版，即使不是原版，也是根据国外的教科书改写的，理论、体系和章节安排都与国外相同。

中国经济学者做的研究要么是拿国外的理论来解释中国的现象，指出中国这个地方有问题，那个地方有问题，要么是用中国的经验资料来验证国外的理论，基本上没有多少原创性。

用西方的经济学理论来看中国问题，人们看到的主要是问题，却没有搞清楚问题产生的原因。在这样的状况下去解决问题，可能会把问题搞得更糟。

因此，我们应该根据中国成功和失败的经验去总结：中国存在那么多问题为什么还能前进？要解决这些问题需要具备什么条件？我们必须有自己的理论体系。

我们的改革还是比较成功的，从哲学层次上讲，我们靠的是解放思想、实事求是、与时俱进、求真务实的科学发展观。为什么解放思想？因为我们不能用过去的文本解决当前的问题，也不能用别人的文本来解决自己的问题。我们要实事求是，中国到底有什么问题，要用适合中国的办法解决。解决了过去的问题，其他问题就出现了，所以要与时俱进。

从具体的角度讲，中国采用的是渐进的双轨制。转型之前，国内有很多违反比较优势的资本密集型大企业，关乎国家安全和国计民生，但又必须让它们存在，所以就要给保护补贴。

放开符合比较优势的产业，能降低生产成本。但是如果要在国际上要竞争，只靠生产成本低是不行的。当时中国的基础设施很差，只有集中力量打歼灭战，设立经济特区、工业园区，在园区里把基础设施建设好，把符合比较优势的产业变成有竞争优势的产业，创造就业，使农村劳动力大量从附加值比较低的农业转移到附加值更高的制造业。这样一来，经济增长率提高，税收增加、外汇增加、出口增加，资本积累，比较优势变化，就会带动产业不断升级，进而给改革旧的部门创造条件。

之前，旧的产业不具有比较优势，企业没有竞争力。现在，中国从全世界最穷的国家之一变成了中等偏上收入的国家，资本积累了，产业有比较优势，企业就有自生能力，国家的支持就从雪中送炭变成了锦上添花。因此，十八届三中全会提出全面深化改革，让市场在资源配置中起决定性作用，更好地发挥政府作用。用经济学语言讲就是，市场有效以政府有为为前提，政府有为以市场有效为依归。

总的来说，中国改革开放40多年能够取得人类经济史上的奇迹，从哲学上讲靠的是解放思想、实事求是、与时俱进。从具体操作上讲，就是不断推动改革，从计划经济逐渐向市场经济过渡。

中国经济学家的世纪

中国经济学者什么时候能得诺贝尔经济学奖？也有人问我有没有想过会得诺贝尔经济学奖。

坦白说，我没有想过。我研究经济学不是为了得奖，只是希望自己的认识能够帮助大家认识中国的问题，也希望能为解决中国的问题提供更好的方案。开始读书时，我抱着"西天取经"的心态，觉得把西方的理论学会了就能指点江山，后来发现不是这样的。既然不是这样，我们就应该从现象去了解背后的道理，总结新经验提、出新理论。

1995年，《经济研究》创刊40周年，请我写篇贺词。在祝贺的文章里我提出了一个论断——21世纪会是中国经济学家的世纪，21世纪会是经济学大师在中国辈出的世纪。

我提出这样的论断是因为，1994年我和蔡昉、李周合作出版了《中国的奇迹》，在这本书里我们预测21世纪中国会变成全世界最大、最有影响的经济体。

从历史上看，世界经济学的研究中心最早是在英国，18世纪末一直到20世纪初，大师级经济学家绝大多数是英国人或者在英国工作的外国人。从二战之后到现在，世界经济学的研究中心一直在美国，大师级经济学家不是美国人就是在美国工作的外国人。其他地方也有，但数量不多。

为什么世界经济学的研究中心和经济学大师辈出的地方在时空上有这样的关系？我想，任何理论都是简单的逻辑体系，以解释观察到的现象背后的因果关系。理论越简单越好，也就是逻辑越简单越好。怎么判断一个理论是重要的？这取决于理论所解释的现象的重要性，现象越重要，解释这个现象的理论的贡献就越大，提出这个理论的经济学家的影响力就越大。

什么是重要现象？发生在重要经济体的现象就是重要的现象。从18世纪后半叶工业革命以后，一直到20世纪初，英国是全世界最大的经济体，发生在英国的经济现象就是最重要的经济现象。在解释这些现象时，英国人或在英国工作的外国人有近水楼台先得月之便，能够真正把握到这个现象背后的脉络，知道这些简单的因果是什么。

一战后，世界经济中心向美国移动，经济学研究会有一代落差，到 20 世纪中叶以后，随着美国经济地位的提高，世界经济学的研究中心逐渐转移到美国，因此，美国人以及在美国工作的外国人在经济学理论研究上有近水楼台先得月之便。

我相信沿着改革开放的道路，21 世纪的中国会是最大的经济体。

在 1995 年的文章里，我提出经济学研究要本土化、规范化，要用现代经济学的方法来研究，而不是用现代经济学的理论来研究，两者是有区别的。用现代经济学的理论就还是照搬西方的做法，而现代经济学的方法有严格的内部逻辑，要运用数学模型，而且逻辑的各种推论必须和经济现象一致，要经过经验的检验。

如果研究本土的问题，随着中国经济的影响力越来越大，中国问题的重要性也会越来越大。用现代经济学的方法来研究，了解它背后的原因，提出新的理论体系，构建新的理论模型，这样做出的贡献在世界上的影响力会越来越大，所以我相信 21 世纪会是中国经济学家的世纪，也将是经济学大师在中国辈出的世纪。

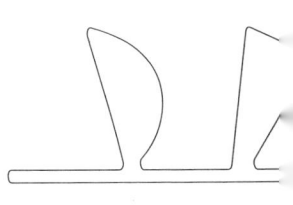

第 7 章

中国经济的增长潜力与发展态势

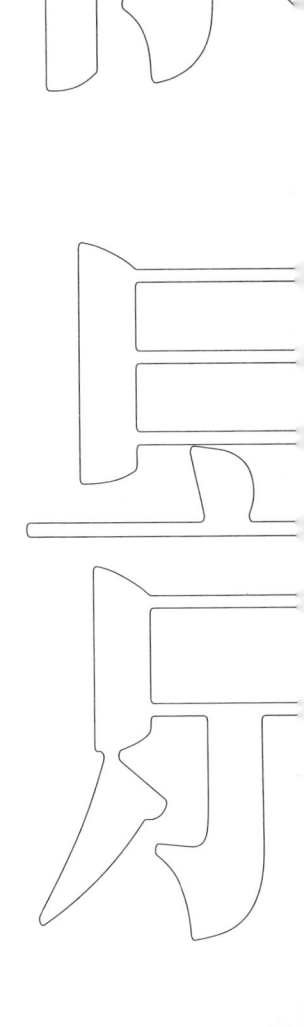

政策制定必须考虑实际国情[1]

过去，无论是面对1997—1998年的亚洲金融危机，还是2008年全球金融危机，我们一般采取的对策是用基础设施的投资来启动需求、创造就业，以维持经济增长。

但我认为，这次新冠肺炎疫情的情况与以往有很大不同。过去的冲击主要是外需突然下降，但国内的生产和生活并没有受到直接影响，要应对的是怎样增加国内的需求，弥补外需的不足。但这次疫情全球暴发，除了外需受影响外，我们采取了封城、社会隔离等措施，影响了国内的需求面和供给面，影响了城市和农村，影响了家庭和企业。

在这种状况下，过去应对危机的有效经验，比如用积极的财政政策支持基础设施的投资，特别是现在说的新基建，不仅能创造投资需求，还能为未来的发展打下基础，这种措施当然还要

---

[1] 本文根据《解放日报》记者对林毅夫等人的采访整理。

用。但问题是，这些投资从创造就业到创造需求是有一段时间差的，还不足以解决当前的问题。

现在必须有保企业、保家庭的措施。全国就业的 80% 在民营企业，特别是民营企业中的中小微企业，但目前不少中小微企业很困难，在需求不足的情况下没办法开工。

办法当然有不少。保企业可以延缓五险一金缴纳和贷款归还，以及减免租金等。保家庭可以发现金，也可以发消费券。对于农村低保户和失业困难群体，给现金或发失业救济金会比较有用，关键是不让他们返贫。而对于城市居民，我一直主张发消费券，消费券增加了家庭消费的可能，还能根据各地受影响最大的行业类别来设计其使用方向，直接帮助到中小微企业，可以说是一石双鸟。

目前，无论是美国还是欧洲国家，甚至包括一向保守的德国，都在发现金，而且出台的救助计划金额都超过了 GDP 的 10%。但中国的情况有所不同，大规模发现金的话，除了少数困难群体会马上去买生活必需品，大多数人拿到钱后很可能会直接存进银行，并不一定去消费，很难起到既保家庭又保企业的双重功效。

其实，发消费券是有前提的，就是要有移动支付的大范围普及，老少都会用。在这方面，中国具有独特的优势，国外大多数国家，包括很多发达国家，是不具备这方面优势的。所以我从 2020 年 3 月开始，就在几个会议上谈了这个想法，事实上很多地方已经开始做了。根据商务部的统计，到 2020 年 5 月 8 日全国已经有190多个地方共计发放了190亿元消费券。

至于要不要把消费券等应急做法常规化，还是应该具体问题具体分析。打个比方，过年和过日子是不一样的，救急和救贫也是不一样的。

发消费券的目的是扩大消费，在百年不遇的疫情中保家庭、保企业，这是救急。而要扶持困难人群，这是救贫。救贫的关键，还是要让贫困人群有更多的就业机会，有更好地参与市场活动的环境，其中有些因老致贫、因残致贫、因病致贫的困难人群，更需要长期的救济和保障。

现在全球还处于疫情中，中国的经济发展只能靠国内。而发放消费券作为一种中国特有的办法，还是值得在全国推广的。但全国化和常规化是两个概念，消费券毕竟是应急的办法，是否要长期执行，应该做进一步的研究。

中国依然具有后发优势[①]

2021年全国两会最重要的任务是讨论通过"十四五"规划和2035远景目标纲要。我很高兴有机会来对全国两会做一些解读，谈谈中国经济未来的挑战与应对。

中国未来的发展，确实有很多挑战，像人口老龄化、2030年碳排放达峰、2060年实现碳中和，同时我们还面临着新的科技革命、中美关系的调整。

面对这么多挑战，"十四五"规划、2035远景目标纲要以及中央以前发的各种文件里谈到，发展是解决中国一切问题的基础和关键。所以，在讨论如何面对这些挑战的时候，我想先谈谈中国未来的发展潜力有多少，发展态势会怎么样。

[①] 在北京大学国家发展研究院中国经济观察报告会上，林毅夫对"十四五"规划做了解读，本文根据发言内容整理。

中国依然有后发优势

从 1978 年改革开放到 2020 年，我国的年均经济增长率为 9.2%。那未来呢？目前国外学界和舆论界，对中国未来发展的潜力普遍不看好。有两个原因。一是认为我们过去这 42 年发展太快了。根据宾夕法尼亚大学发布的报告，按照购买力平价计算，2019 年中国人均 GDP 已经达到 14 128 美元。有些学者通过研究发现，德国人均 GDP 在 1971 年达到 14 120 美元，此后的 16 年，德国年均增长率是 2.3%。日本人均 GDP 在 1975 年的时候达到这个水平，此后的 16 年，日本年均增长率是 4.4%。德国和日本是世界发达国家，而它们在与我们有同等收入水平时都只有 2.3% 和 4.4% 的增长，中国未来的增长潜力不可能在 5% 以上。二是人口老龄化。中国确实出现了人口老龄化趋势，其他出现人口老龄化的国家，增长似乎都很慢。

这样的研究，看起来是非常有说服力的，但我个人不太同意。

很多因素成就了我国在过去 20 多年每年 9.2% 的增长，最具决定性的因素在于我们在经济发展过程中充分利用了与发达国家产业技术之间的差距所产生的后来者优势。

经济要发展，生活水平要提高，就要靠劳动生产率水平的不断提高。若要劳动生产率水平不断提高，技术就要不断创新，产业也要不断升级。发达国家的技术产业处于世界前沿水平，它们的技术创新和产业升级必须通过自己发明，投资成本非常高，风险非常大，进步速度非常有限。发展中国家则可以利用与发达国家之间的产业技术差距，将发达国家成熟的技术作为技术创新和产业升级的来源，这种方式的成本和风险都不是很高。懂得利用这种优势的发展中国家，经济发展速度就可以比发达国家快。改革开放以来，我国就是这样做的。

因此，从这个角度来看，中国未来的发展潜力不在于我们现在的水平，而是在于我们与以美国为代表的发达国家之间的差距有多大。

德国人均 GDP 达到 14 120 美元左右是在 1971 年，那时德国的人均 GDP 已经达到美国的 72.4%，是世界上最发达的国家之一，因此没有任何后来者优势。要实现技术创新、产业升级，都必须自己发明，经济增长速度就慢下来了。

日本是什么时候达到人均 GDP 14 120 美元的呢？是在 1975 年。那一年，日本的人均 GDP 已经达到美国的 69.7%，是世界上最发达的国家之一，技术已经位于世界最前沿了，经济增长必须靠自己发明，增速当然会慢下来。

中国 2019 年达到人均 GDP 14 128 美元（按购买力平价），但这也只是美国的 22.6%。德国、日本、韩国人均 GDP 达到美国的 22.6% 时是在什么时候？德国是在 1946 年，日本是在 1956 年，韩国是在 1985 年。当然，德国、日本、韩国都是发展得比较好的国家。德国 1946—1962 年这 16 年的年均经济增长率达到 9.4%。日本 1956—1972 年，年均经济增长率达到 9.2%。韩国 1985—2001 年的年均增长率达到 9%，当中遭受亚洲金融危机的那一年是负增长，即使在这种状况下，韩国还连续16年年均增长9%。从这些数字来看，中国年增长的可能性应该大于9%。

人口老龄化的国家经济增长速度确实慢，但发生人口老龄化的国家多数是发达国家，技术已是世界最前沿的水平。在这种状况下，出现人口老龄化代表什么？劳动力供给的速度下降，甚至不增长了，再加上其技术处于世界最前沿，当然增长就非常慢了。但是，我们现在就发生人口老龄化了，我们的人均GDP只有美国的22.6%，我们在技术创新、产业升级方面，利用后来者优势，从低附加值产业往高附加值产业配置的空间非常大。所以，在这种状况下，即使人口不增长，如果我们能用后来者优势，把劳动力从低附加值产业往高附加值产业配置，那理论上我们也可以比发达国家增长得快。

此外，还可以通过延迟退休年龄，增长劳动力供给。而且，劳动力重要的不仅是数量，也很需要质量，我们可以提高效率水平。德国在1946—1962年那16年间的年均的人口增长率是0.2%；日本在1956—1972年的年均人口增长率是1%；韩国在1985—2001年的年均人口增长率是0.9%。我们2019年的人口自然增长率是0.3%，将来也许会降到零，即使不考虑把劳动力从低附加值产业配置到高附加值产业的可能，不考虑延迟退休年龄以及提高教育质量，那我们这16年跟日本、德国、韩国比，经济增长率顶多也就是1个百分点的差距。所以，到2035年之前，从增长潜力来看，中国应该还有每年8%的增长。

当然，这个增长潜力也未必都能发挥出来，因为我们要实现高质量增长，就必须解决环境问题，解决碳达峰、碳中和的问题，解决城乡差距、地区差距的问题，还有中美关系以及必须靠自己创新去解决技术"卡脖子"的问题。前面讲到，利用后来者优势建立在全球资源贸易的机制基础上，其间我们必须应对那些问题，但即使把那些问题都应对了，有8%的潜力，实现5%~6%的增长，也是有可能的。

发展是解决中国一切问题的基础和关键

"十四五"规划和2035远景目标中提到，2035年的GDP规模要在2020年的基础上翻一番，2035年的人均收入要在2020年的基础上翻一番。这两个"翻一番"，不管要实现哪一个，2021—2035年都应该达到年均4.7%的经济增长。我前面讲到，中国有8%的增长潜力，而为了高质量发展，解决环境、碳中和、中美关系等问题，5%~6%的增长应该是可以实现的。

如果这样，到2025年，我们完全有可能实现人均GDP超过12 353美元，跨过高收入国家门槛。现在生活在高收入国家的人口只占世界人口的16%，如果中国变成高收入国家，摆脱中等收入陷阱，全世界生活在高收入国家的人口就可以翻一番。2035年，我国的人均GDP应该在23 000美元以上（按2019年的美元购买力来看），中国会成为一个现代化的社会主义国家。

用同样的方式来研究，2036—2049年，我们每年还有6%的经济增长潜力——从收入水平差距来看。因为收入水平代表产业技术水平、劳动生产率水平。如果潜力是 6%，同样是高质量增长，解决环境问题、污染问题、碳中和问题，以及应对"卡脖子"的问题后，实现年均 4% 左右的经济增长是有可能的。

如果能实现 4% 左右的增长，到 2049 年，我们的人均 GDP 可以达到美国的一半。这是实现中华民族伟大复兴的重要指标。最重要的是，我们必须胸怀两个大局，其中一个大局是百年未有之大变局。为什么会出现百年未有之大变局呢？经济是基础。

1900 年，八国联军攻打北京，当时的八国是英国、美国、法国、德国、意大利、俄国、日本、奥匈帝国。当时，这 8 个国家的 GDP 加起来占全世界的 50.4%。奥匈帝国在一战之后垮台了。到 2000 年，八国集团（美国、英国、法国、德国、意大利、日本、俄罗斯、加拿大）的 GDP 加起来占全世界的 47%。整个 20 世纪的国际政治经济舞台，就是由这 8 个工业化的发达国家来主导的。2018 年，习近平总书记在中央外事工作会议上提出百年未有之大变局。[①] 为什么会说出现了百年未有之大变局呢？2018 年的时候，这 8 个国家的 GDP 降为占全世界的 34.7%，已经失去了主导世界的力量。2008 年全球金融危机爆发的时候，八国集团变成了二十国集团。

这种变化对美国和中国的影响是最大的。2000 年美国 GDP

---

① 习近平总书记在中央外事工作会议上强调 坚持以新时代中国特色社会主义外交思想为指导 努力开创中国特色大国外交新局面 [N]. 新华社，2018-06-23.

占世界 GDP 总量的 21.9%，而到 2014 年，按购买力平价计算，中国已经超过美国，变成了世界第一大经济体。现在美国的 GDP 约占世界 GDP 总量的 16%，中国的 GDP 及占世界 GDP 的比重比美国要多。美国的世界影响力在下降，中国的世界影响力在上升。美国的当政者看在眼里，学术界、政策研究界也看在眼里。老大跟老二位子的互换，不仅会导致这两个国家之间关系紧张，也会给世界带来很多的不确定性，所以是百年未有之大变局。

如果到 2049 年，我国的人均 GDP 达到美国的 1/2，我国的人口是美国的 4 倍，经济规模就是美国的 2 倍。其中，北京、天津、上海，加上东部沿海五省——山东、江苏、浙江、福建、广东，人口一共 4 亿多，这些地区的人均 GDP、经济水平可以与美国达到相同水平。人均 GDP 代表平均劳动率水平、平均科技产业水平，到那时候，美国可以"卡脖子"的技术基本上就没有了。我们还有中西部 10 亿人口，人均 GDP 是美国的 1/3，经济规模与美国相当，这些地区的经济增长很快，所以中国的经济增长还可以快一些。在这种状况下，中美之间的关系可能趋向缓和。

"十四五"规划和 2035 远景目标纲要中提到，发展是解决中国一切问题的基础和关键，同时，中国仍然处于重要的战略机遇期，仍然具有多方面的优势，在保证发展的质量和效益明显提高的前提下，要充分发挥我们的增长潜力。

我相信如果能够按照中央的建议，按照"十四五"规划和

2035 远景目标纲要的政策导向，到 2049 年可以把中国建设成社会主义现代化的强国，实现中华民族伟大复兴的目标，驾驭百年未有之变局，为世界重新构建一个稳定的、共享繁荣的新格局。

中国经济的挑战、底气与后劲[1]

问题一：GDP 目标

李克强总理在 2021 年全国两会上提出"经济运行保持在合理区间，各年度视情提出经济增长预期目标"[2]，与前几个五年规划不同，"十四五"规划没有明确设定未来 5 年的经济增速目标，并不意味着年均增速指标的参考性不再重要，只不过是未来 5 年将更加灵活地决策，会根据每一年的实际状况设定一个合理的增长区间，比如说 6% 左右、5% 左右。2021 年的增长目标就是 6% 以上。

为什么不在当下就设定长远的经济增长目标？实事求是地讲，是因为未来经济增长的不确定性变大。

---

[1] 2021 年，林毅夫的《论中国经济：挑战、底气与后劲》出版之际，中信出版社、《环球人物》杂志及北京大学国家发展研究院传播中心对林毅夫进行了专访。本文根据专访内容整理。
[2] 2021 年 3 月 5 日，李克强总理代表国务院在十三届全国人大四次会议上做《政府工作报告》。

第一个大的不确定性是新冠肺炎疫情什么时候能结束。虽然现在有疫苗，但还不够全世界分配，中国、美国、欧盟等国家和地区估计可以生产并拥有足够的疫苗，但很多发展中国家，像非洲、中亚、拉丁美洲国家目前基本都分配不到疫苗。如果这些发展中国家由于得不到疫苗，没有办法有效地防控疫情，使疫情继续发展，国际人员来往很可能导致新病毒变种的出现和传播，现有疫苗也不一定能有效地防控。所以，国际相关学者的普遍共识是，除非在全球范围得到控制，否则新冠肺炎疫情的威胁总是存在。这种大传染病只要在某个地方暴发，就必须采取居家隔离、保持社交距离等措施，再严重的话可能要封城、封国，阻断国际人员的来往，这些都会对经济造成不利影响。

第二个大的不确定性是地缘政治。现在世界面临着百年未有之大变局，美国新任总统拜登上台以后，我们并没有看到中美关系明显的改善。拜登虽然对中国的科技企业、技术创新、经贸发展等方面的牵制不像特朗普那么直接，但是并没有改变美国政府的基本政策取向。这当然也会对中国的发展造成比较大的影响。

尽管如此，我个人还是比较看好中国的发展前景。总的来讲，我们的发展潜力很大，国内可动用的各方面条件比较充分，因此，未来数年保持一个相对好的增长速度是完全可以预期的。只不过这个预期究竟是高一个百分点，还是低一个百分点，应该按照当时的具体情况来判断。

基于以上分析，"十四五"规划关于经济增长区间的提法非常科学。根据未来的情况设定一个合理的增长区间，而这个增长区间会在每年全国两会时根据当年的实际情况再来调整设定。

问题二：新冠肺炎疫情影响

新冠肺炎疫情的影响与百年未有之大变局是两个平行事件，因为百年未有之大变局是习近平总书记在 2018 年提出的，而新冠肺炎疫情是 2020 年才暴发的，所以不能说新冠肺炎疫情是中美关系百年未有之大变局的结果。当然，相互间会有影响，但是我们要把它们分开来看。

尽管新冠肺炎疫情是不可预测事件，但是我们知道，在全球气候变暖以及全球化的趋势下，人员、物质各方面的交流越来越紧密，会产生一些不可预期的影响，包括自然灾害事件或者大流行病，都可能会暴发，这个概率总是存在的。

对于这次的新冠肺炎疫情，我们可以看到的短期影响是各个国家的经济受到很大冲击。1978—2019 年，中国年均经济增长率是 9.2%，在 2020 年第一次出现了 2.3% 的经济增长率，这对中国而言是非常低的，不过中国仍然是世界主要经济体中唯一保持正增长的国家。如果拿中美两国来比较，2019 年中国经济增长率为 6.1%，美国经济增长率为 2.2%，中国比美国高出 3.9 个百分点；2020 年中国经济增长率为 2.3%，美国负增长 3.5%，中国比美国高出 5.8 个百分点。英国的一家研究机构发布最新预测，认为中国经济在总规模上对美国的赶超会加速。

如果按购买力平价计算，中国的 GDP 在 2014 年已经超过美国。但用市场汇率计算，国际上一般的共识是，中国经济规模会在2030年超过美国，最终早一点、晚一点都有可能。由于这次新冠肺炎疫情，根据英国这家研究机构的预测，可能会让中国提前两年超过美国。

除此之外，还会产生其他影响，比如对自身制度优越性的认识。任何一个国家的政府都应该执政为民，每个国家的政治体制都是为人民服务的。遇到新冠肺炎疫情，就明显地表现出中国的体制做出了最好的防控，以最低的代价克服了挑战。对此，其他国家的人民也看在眼里。这会增加我们对中国制度、中国治理的信心。同时，中国也表现出了大国担当——不仅自身很快控制住新冠肺炎疫情，实现复工复产，而且向其他国家伸出援手，提供口罩、呼吸机等防疫用品；研发出疫苗后就承诺与全世界共享知识产权，让其他国家可以使用中国的疫苗。

反观以美国为首的发达国家，对内没有防控好，对外基本上采取放手不管的态度。比如在疫苗分配方面，人类共同面临这么大的挑战，理应共同努力，让全世界各个角落、各个地方都可以把疫情控制住，因为这对全世界都很重要，而疫苗是关键。可那些发达国家有了疫苗以后大都是自己用，不分配给其他国家，或者只分配一点点给关系特别好的国家。同时，那些制药公司还以知识产权保护的名义，使其他想要获得疫苗的国家不得不支付比发达国家更高的价格。这就呈现出不同的国家、不同的治理模式在面对这么一件重大公共事件时，采取的做法和态度是不一样的。

这次新冠肺炎疫情对每个国家都是巨大的考验，而我们在考验中表现出了中国文化、中国治理的优越性和担当。

作为发展中国家，在现代化的过程中，过去总是觉得西方的月亮更圆。我们的确不能关起门来搞现代化，需要用包容开放的心态来对待外国的经验，对待它们积累下来的值得学习之处。但是，中国跟外国比也有自己的长处、自己的优越性，应该增强我们的文化自信。

问题三：中国经济实力

中国是一个拥有960万平方公里国土的大国，人口约14亿，我们的经济总量按照购买力平价计算确实超过了美国，比整个欧盟还要大。但不要忘了，我们的分母很大，平均数还比较低，明显低于其他发达国家。在东部沿海城市可能看不出来，这主要是因为地区发展水平存在差距，毕竟东部地区在全国处于领先水平，人均GDP确实比较高。而且中国的大量基础设施都是改革开放以后才建设的，比较新，甚至比美国、欧洲的还要好，所以就会给人一种幻觉。

从总体生活水平来看，中国与发达国家相比还是有差距的，尤其是中西部的农村地区还有很多需要追赶的地方。GDP所反映的只是经济发展的一部分情况，并不能代表全貌，比如不能反映环境、生活的质量，也不能反映社会治理情况。GDP不是一个衡量经济发展水平的全面指标，所以也有不少人提出要改进

GDP 的衡量方法。

同时，经济发展不只是物质生活水平的提高，为此我们也提出了新的发展理念，使发展拥有了更多内涵，比如创新、协调（城乡地区间的协调）、绿色可持续、开放，让中国的发展能够带动其他国家的发展，我们也会通过其他国家的发展促进自身的发展，我们还希望中国发展的果实可以让全世界人民共享，等等。这些都不包含在 GDP 中，但对我们的现代化发展来说都是很重要的侧面。

问题四：双循环

中国之所以提出"以国内大循环为主体，国内国际双循环相互促进"的新发展格局，既有短期因素，也有长期因素。

在短期因素方面，比如新冠肺炎疫情暴发，国际贸易受到巨大冲击，出口当然会减少时。中国 2020 年的出口数据跟其他国家相比还不错，增长 4%，但是跟常年的出口增速相比是比较慢的。当生产恢复，出口减少时，生产出来的东西当然必须靠国内循环，靠自己消化吸收。另外，美国对中国的高科技企业进行打压，一方面会减少我们对国外高科技产品的进口，另一方面也会影响华为这类企业的产品出口。我们还是希望中国的企业能发展，这种情况下也需要更多地依靠国内市场。

我更看重的是长期因素，双循环的新发展格局背后反映出的是经济基本规律。中国很长时间内被视为出口导向型国家，而中国的出口占 GDP 比重的最高峰是在 2006 年，达到了 35.4%。在还没有提出新发展格局的 2019 年，这个指标已经从 35.4% 降到 17.4%，也就是说，有 82.6% 的国内生产已经在进行国内循环。这充分说明，国内循环早已经是主体了。

为什么会这样？经济基本规律中有两个关键因素：一个是经济规模，另一个是经济中服务业的比重。

在经济规模方面，因为现在中国的制造业规模很大，要发展好，就要充分利用规模经济。如果国内的经济体量小，国内能消化的部分就小，那就要更加依赖国外市场。最明显的例子是新加坡，经济发展得很好，2019 年出口占 GDP 的比重高达 104.9%，超过了 100%，一个重要原因就是新加坡出口的产品中许多原材料和中间部件靠进口，出口时也被算在产值里。中国出口占 GDP 比例最高时也才 35.4%，只有新加坡的 1/3，主要原因在于新加坡是小经济体，中国是大经济体。

在服务业比重方面，服务业中有很多是不可贸易的，所以服务业在经济当中所占的比重越高，出口的比重往往就越低。如果按市场汇率计算，中国现在是世界第二大经济体，美国仍是第一大经济体。美国在 2019 年的出口只占 GDP 的 7.6%，比中国低很多；日本是第三大经济体，但其出口比重也比中国低，2019 年还不到 14%。为什么它们的出口比重比中国低呢？因为日本和美国都是高收入国家，服务业占 GDP 的比重很高——美国达到 80%，日本达到 70%，而中国的服务业占 GDP 的比例只有 54.3 %，服务业中许多服务像餐馆、理发、零售、快递等是不可贸易的。

2006—2019 年，中国的出口比重下降，国内循环比重提高。这一方面反映中国收入水平不断提高，导致经济规模不断提高——2006 年中国人均 GDP 只有 2 099 美元，到 2019 年超过 10 000 美元，经济规模提高了将近 3 倍。在这种状况下，国内循环的比重会提高。同时，因为收入水平的提高，服务业的比重也不断提高。这两个因素就可以解释为什么中国经济由 2019 年开始就已经以国内循环为主体了。

为什么是在 2020 年的时间点提出"双循环"呢？因为过去我们一向都认为中国经济是出口导向型，这样很容易造成一种误解——只要出口受到一点影响，就认为中国经济会受到很大的冲击。但实际上中国是一个大经济体，国内循环的比重早已经是最主要的，所以只要把国内的经济发展好，整体经济就能够相对稳定。比如在这次新冠肺炎疫情中，中国是世界主要经济体中唯一保持了正增长的国家。

中国经济还要继续发展，随着收入水平提高、经济规模扩大、服务业比重进一步提高，国内循环的比重当然还会不断提高，会从现在的 82.6% 逐渐变成 85%、90%。这是经济规律的反映，也让我们对未来的经济增长更有信心。

尽管如此，原来提出的"充分利用国内、国际两个市场和两种资源"的开放政策依然重要，国内市场再大，目前也只占世界市场的 16.4%，国际市场仍然有 83.6%，我们有比较优势的产品仍然要进入国际市场，同时，我们没有比较优势的产品、资源、技术、资本等能引进的仍然要引进，这样才能降低我们发展的成本，提高发展的质量。所以，国内循环和国际循环要相互促进，这也就是我们为什么要签署 RCEP（区域全面经济伙伴关系协定），并表示愿意加入 CPTPP（全面与进步跨太平洋伙伴关系协定）的原因。

问题五：数字人民币与国际化

数字人民币短期内不会对国际金融秩序产生影响，因为它主要是代替中国的纸币，主要还是在国内使用。数字人民币的使用可以增加方便性，也可以增加信息的透明性，资金怎么流动很容易了解清楚，能提高效率。但要说到对国际金融秩序的影响，最主要还是得看人民币会不会被广泛接受，成为国际主要储备货币，以及能不能成为国际贸易的主要计量货币。这并不是我们有这个意愿就可以，也不见得是因为我们是最大的经济体、最大的贸易国就可以自然同步实现的。

从历史经验来看，美国大概在1875年成为世界第一大经济体、第一大贸易国。但美元替代英镑变成国际主要储备货币以及国际贸易的主要计量货币是在二战以后，相隔了70年，那时美国的经济规模已是英国的好几倍了。也就是说，当英镑作为国际主要储备货币和国际贸易的计量货币时，由于它的先发优势，国际上已经接受它了，除非有一些重大的历史事件，不然这个变化、替代会非常慢。

美元会不会被人民币替代呢？一方面要看中国的经济发展情况，另一方面要看有没有一些特殊的历史事件，让大家突然间觉得使用人民币更方便、更可靠。如果有这样的事情发生，数字人民币会给这个过渡提供一个更平稳的转变，因为数字货币比原来的纸币更具方便性。

问题六：三农问题

发展总是一个水涨船高的过程，按照预定的目标，根据国际绝对贫困的指标，中国实现了全面脱贫。不管是农村还是城市地区，我们的生活质量提高了，人均预期寿命在世界上排在前列。但国内确实有城乡差距，所以在未来的发展过程中农村也必须继续发展。这包括收入水平的提高、生活环境的改善、治理的现代化等多个方面，各方面都要进一步提高。为了这个目标，我们提出了乡村振兴。

对农村来讲，乡村振兴首先必须是产业发展。因为只有产业才能够给农民提供就业，才能够让农民有不断增加的收入来源。必须针对这样的发展阶段，搞清楚各个地方具有比较优势的产业是什么，是农业、农产品、加工业还是乡村旅游业？根据这个地方的比较优势来发展，把比较优势变成竞争优势。

除了产业发展，城乡差距还体现在很多公共服务方面，包括基础设施、教育、医疗、环境等方面。这些公共服务基础设施的完善，一方面是产业振兴、产业发展所必需的，另一方面也是提高生产生活质量所必需的。这需要各级政府负起相当重要的责任。

乡村振兴要成功，最重要的还是农民。必须有现代化的农民，才有现代化的产业。想要提高农民的素质，就需要各级政府在教育公平方面加大力度。

总的来讲，乡村振兴还是要让市场在资源配置上起决定性作用，因为这是按照比较优势发展的前提，但同时要发挥政府好的作用。党的十九届五中全会的《建议》里提到，"十四五"规划里也提到，要探索有效市场跟有为政府的更好结合。如果想把各个地方的比较优势发挥出来，就需要政府在基础设施、公共服务方面加大力度，提高农民的素质，提高农村地区公共服务与城市的均等化。如果能这样去做，我相信我们会有美丽的新农村，将来城市生活跟农村生活在质量上的差距可以消除，而且各有特色。

发达国家能变成现在这样，并非一开始就如此，它们在发展的早期，城乡差距同样很大，曾经有一段时间城市里的生活还不如农村。在工业革命以后，财富积累了，城市改善了，农村也从很落后的状态慢慢发展，经过300年达到了今天的水平。很多事情都需要一个过程。

问题七：社会保障

首先要承认我们在发展中存在问题，看到我们的不足，努力去完善。但是也不能拿一个人均 GDP 达到 50 000 美元的国家的标准来要求今天的我们也达到一样的水平。

其实美国的收入分配也很不平衡，有钱人有私人飞机，一般老百姓不可能有。欧洲有些国家做得好一些，比如北欧国家的收入差距比较小，但个人所得税税率高达 50% 以上，赚的钱一半都交给国家，然后国家再分配。这样的结果看起来很好，每个人都有一定的保障，但人的积极性降低，努力的动力不足。

我们首先要看到发展阶段不同。不能只看到发达国家好的一面，也要同时看到其不完善的一面，阳光之下都有阴影。发达国家是经过工业革命以后几百年的努力才达到今天的生活水平和社会治理水平的，并不是一开始就是今天这样的。它们处在中国当前的收入水平时，人均寿命比我们还短，医疗保障水平也很低。

当然，并不是说别人犯过的错误我们也应该再犯一遍，而是在发展过程中要关注这些问题，想办法提前规避或解决这些问题。这也是在"十四五"规划里提到、历年来各种文件都有所涉及的：中国是一个发展中国家，必然还存在很多问题，发展是解决一切问题的基础和关键，所以最重要的是要抓住我们的战略机遇期，让经济能够更好地发展起来，在此过程中逐渐克服我们存在的问题，并且让发展成果能够由全国人民共享。

在发展过程中，我们需要解决的主要矛盾在不断变化。过去的主要矛盾是温饱问题，人民对文化和物质生活的需要都很难得到保证，因为那时的生产力水平还很低。我们现在是中等收入国家，可能到 2025 年就可以跨过门槛成为高收入国家。随着收入水平的提高，人们的需求也在变化，现在我们的主要矛盾已经是如何满足人民日益增长的美好生活需要，这种期望在不断提高。

必须承认，跟发达国家相比，我们现在的生产力水平还只是中等，发展还是有不充分、不平衡的情况，需要不断完善、不断提高。每个人可能都会觉得还有不够好的地方，所以才需要我们继续努力。

问题八：人口老龄化

人口老龄化确实是需要我们高度关注的问题。这个问题对我们的发展到底有什么影响呢？有的人很悲观，看到发达国家人口老龄化以后经济增长率都非常低，所以就认为中国的经济增长率可能会下滑得很厉害。我前面提到，发展是解决一切问题的基础和关键，如果经济增长率慢下来，想解决问题就更难了。

对于人口老龄化的负面影响，我们不能简单地只拿国外经验来探讨。国外出现人口老龄化的国家一般是高收入国家，这些国家的特点是：收入水平高，产业跟技术已经位于世界最前沿，技术创新的速度比较慢，因为只能靠自己发明。在这种状况下，人口老龄化导致的结果往往是劳动人口比重的下降，每年新增劳动人口很少，加之技术进步慢，所以经济增长也非常慢。

中国还是一个发展中国家，技术创新有两种来源：一种是自己发明，另一种是利用跟发达国家的差距来引进、消化、吸收、再创新。我们现在的收入水平与发达国家还有巨大的差距，这代表着实际的产业技术水平跟发达国家有很大差距，还有相当大的空间进行引进、消化、吸收、再创新，这是发达国家所没有的优势。中国只要把劳动力不断地从技术水平比较低的产业转到技术水平比较高的产业，或者从低附加值产业配置到高附加值产业，即使人口和劳动力不增加，每个劳动者能够生产出来的产品也会更多、更好、价值更高，经济就能继续增长。

老龄化会导致劳动就业人口减少，但是很多发达国家的退休年龄在 65 岁以上。比如日本的出租车司机都是"银发族"，可能在 70 岁以上。国内目前退休年龄还较早：男性 60 岁，女性 55 岁。当劳动就业人口数量减少时，我们可以延迟退休年龄，那样劳动力数量就增加了，这也是最近几年在讨论的话题。

另外，对经济发展产生重要影响的不只是劳动力的数量，还有劳动力的质量。我们可以通过提高教育水平来不断提高劳动者的质量，这样一来，实际上增加了有效的劳动供给。

虽然人口老龄化确实是一个问题，但也不能因为看到人口老龄化的国家经济增长速度慢，就简单地认为中国未来的经济增长率也会很低，发展没有希望。如果把上述事情想清楚，其实我们的有利条件还非常多。把这些条件用好，我相信中国还能在较长时间里维持一个比较快的发展速度，并不会因为人口老龄化而改变。

问题九：中国与印度

经常有人拿中国和印度进行比较，我希望每个国家都能发展好，当然也希望印度发展好。有人认为，印度的发展速度、潜力等各方面有利条件都比中国多，说它跟中国一样都是人口大国、文化古国，而它劳动力比较年轻，大多会讲英语，又有欧美的现代化体制等。

但事实上，1978 年，中国人均 GDP 仅为 156 美元，印度是 204 美元，比中国高 30%，而现在印度人均 GDP 只有中国的 20%。

我们需要想清楚，在讨论这个问题的时候，是不是真正抓住了一个国家、一个社会经济增长的主要决定因素。我想大部分问这个问题的人没有做到这一点，没有理解这个问题，经常把有利条件当作必要条件，把必要条件当作充分条件，把相关条件当作决定条件。

经济发展主要表现为收入水平不断提高，而收入水平不断提高的关键是劳动生产率水平不断提高。那么，劳动生产率水平要不断提高靠的是什么？靠的是现有产业技术的不断创新，新的附加值更高的产业的不断涌现。不论发达国家还是发展中国家，其实都一样。

发达国家的收入水平在全世界最高，代表的技术水平和产业附加价值也属于世界最高水平，所以它们要想发展就只能靠自己发明新技术、新产业，这相对来说是很难的。发达国家过去 100

多年来人均收入的增长率大概是年均 2% 左右，也就是它们的劳动生产率水平的增长率是年均 2% 左右，再加上人口增长，大概每年的经济增长率可以达到 3% 左右。而发展中国家有后来者优势，可以通过引进的方式进行技术创新、产业升级。懂得利用这个优势的发展中国家，经济增长率就可以比发达国家高很多。中国在改革开放后就充分利用了这个优势，虽然在各方面还存在不少问题，但增长率是发达国家的 3 倍。

印度如果能够抓住这一点，应该也可以快速发展。其实现任总理莫迪在古吉拉特邦当首席部长时，基本就在学习东亚经验，改善基础设施、出口导向、招商引资，利用与发达国家的产业技术差距，所以该邦的增长率跟东亚差不多，每年也是 10% 左右。要想把后来者优势发挥出来，一方面要通过引进、消化、吸收来进行技术创新、产业升级，另一方面也必须不断改善基础设施，让这种比较优势能从潜在的变成真实的，这就必须发挥有为政府的作用。如果印度能这么做，我相信印度可以像中国一样，发展得更快一点。经济发展需要充分利用国内市场和国际市场，当印度发展了，收入水平提高了，经济规模变大了，成为一个主要的国际市场时，中国也可以利用印度的发展来帮助自身发展。

很多人认为印度比中国发展得更快，说它有这个优点、那个优点，但到最后都没有被证实。这也就是这些年我提倡新结构经济学的原因，因为过去总是以发达国家的理论为参照系，看发达国家有什么，发展中国家缺什么，然后就认为发展中国家发展不好的原因就是缺发达国家的那些条件。很多人认为印度应该发展得比中国好，因为印度的大量人口讲英语，印度是西方体制，这些是发展的重要条件，中国在这些方面是有欠缺的。但事后以及从新结构经济学的理论来看，这些人都没有抓住问题的本质和决定性因素。

有些人拿西方的经济学理论质疑中国的经验，其实东亚地区真正成功的经济体所做的事，按照西方主流理论来分析常常是错误的。例如，20世纪五六十年代，西方主流理论主张用进口替代战略去发展和发达国家一样先进的产业，成功的经济体却用出口导向战略去发展传统的劳动密集型产业；20世纪八九十年代，西方主流理论主张转型中国家用"华盛顿共识"以及"休克疗法"来建立像发达国家那样先进的市场经济体制，成功的中国、越南、柬埔寨等却用渐进双轨的方式进行改革。

西方理论是先看发达国家有什么、什么能做好，然后让发展中国家学着去做。事实上，二战以后还没有任何一个发展中国家按照发达国家的理论或经验去做而取得成功。相比之下，东亚地区成功的经济体通常是看自己有什么，在自己有的、能做好的领域，发挥政府因势利导的作用，创造有利条件，让企业在竞争市场中做大做强。这是东亚地区的经济体成功的最主要原因，也是中国改革开放以后成功的主要原因。所以，在看发展中国家时，我们必须改变理论参照系。

习近平总书记在2016年5月17日哲学社会科学工作会议上提出，这是一个需要理论而且一定能够产生理论的时代，这是一个需要思想而且一定能够产生思想的时代。[①] 我想，如果能把中国经验总结成新的理论，跟其他发展中国家共享，才有可能出现百花齐放春满园的未来世界。

问题十：中美关系

我当然希望中国好，也希望美国好。但是任何事情都要"对症下药"才能"药到病除"。

所谓"中国好""美国好"，这其中的"好"最重要的含义是国家能发展，人民能过上好日子，这是我们的期望。《联合国宪章》中提到，过上好日子是人的基本权利。

中国人口是美国的 4 倍，只要人均 GDP 达到美国的 1/4，总体经济规模就跟美国一样大；只要人均 GDP 达到美国的 1/2，总体经济规模就会是美国的 2 倍。这是改变不了的事实，美国不能因为自己想要一直成为全世界最大的经济体，就要求中国人均 GDP 必须在美国的 1/4 以下。如果提出这样的要求，中国老百姓接受吗？世界上其他国家会接受吗？我想不会。而且这违反美国从建国以来一直倡导的人人生而平等的理念，总不能讲一套做一套。当它比世界上任何国家都先进时，就强调人人平等；等到别的国家真正有可能跟它平等时，就又说这不能平等，那不能平等。可以看到，美国现在已经开始利用科技霸权、军事霸权来阻

[①] 习近平. 在哲学社会科学工作座谈会上的讲话 [N]. 人民日报，2016-05-19.

碍中国的发展了。

我对为什么会出现百年未有之大变局这个问题进行了分析。

1900年，八国联军的成员是当时世界上8个最强的工业化国家，按购买力平价计算，GDP加起来占全世界的50.4%。而到2000年，八国集团当中只换了一个国家，即加拿大取代了奥匈帝国。这一年，八国集团的GDP加起来占全世界的47%。也就是说，这100年里，发展中国家做了那么多努力，只不过让这个世界上8个最大最强的工业化国家占全球经济的比重下降了3.4%，而且，发展中国家的人口增长率高于发达国家，所以从人均GDP来看，差距反而扩大了。

整个20世纪的世界政治经济格局，就由这8个国家主导。1900年是英国主导，后来变成美国主导，无非是这样一个转变。

2018年，习近平总书记在召开中央外事工作会议时，为什么会提出百年未有之大变局这一看法？因为那时八国集团的GDP之和占全球经济的比重降低到34.7%，失去了主导世界的力量。这也是为什么在发生2008年全球金融危机之后，八国集团会被二十国集团取代。以前只要八国集团的领导人开会做了决定，那基本就是全世界的决定。而在2008年全球金融危机以后，八国集团已经没有办法主导世界了，才扩大为二十国集团。

在这样的世界格局变化中，最感到失落的无疑是美国。2000年美国的GDP占全世界21.9%，现在大概只占16%。尤其是从2014年开始，按照购买力平价计算，中国的GDP规模已经超过美国，中国的影响力逐渐提高，美国的影响力相对衰落。美国在有失落感的同时，其在世界范围内的主导能力也开始减弱。

不可否认的是，美国仍是世界上科技最先进、军事力量最强的国家，所以它想利用自己的力量阻碍中国的发展。这就造成了中美关系的不确定性，也给世界带来很多不确定性。这种不确定性对中国不好，对美国老百姓不好，对世界也不好。

什么时候才能够出现一个新的、稳定的格局？中国还是要把自己的事情做好，抓住有利发展条件，把自身发展起来。按照党的十九大提出的设想，到2035年把中国基本建成一个现代化国家，到2050年把中国建设成一个社会主义现代化强国。到那时，中国的人均GDP将达到美国的50%，而人口是美国的4倍，总体经济规模将是美国的2倍。

当然，中国还存在地区差距，东部沿海地区更发达，有4亿多人口，到时这一地区的人均GDP可以达到与美国相同的水平。人均GDP处在同一水平代表着平均劳动生产率也在同一水平，这就是说，东部地区的平均技术和产业水平跟美国处在同一水平。按照购买力平价计算，我国现阶段的人均GDP大概是美国的20%，但如果按照市场汇率，则只有美国的1/6，而东部沿海地区的人均GDP不到2万美元，按照市场汇率计算，不足美国的1/3，所以目前我国的产业技术水平与美国相比还有明显的差距，才让美国有"卡脖子"的空间。2050年左右，如果中国东部沿海地区的人均GDP水平跟美国一样，那么产业和技术水平与美国也将没有差距，美国对中国"卡脖子"的空间就没有了。在中国东部已经和美国持平的情况下，中国的中西部还有

10亿人口，差不多是美国人口总数的3倍，人均GDP则是美国1/3，中国仍有快速发展的潜力。所以，中国的总体发展还会比美国快。

到那时，美国大概就会心悦诚服，主要原因有三点。

第一，它没有可以"卡脖子"的优势了，现在的一些优势将被中国追赶上。

第二，中国的经济规模已经是美国的2倍，再怎么吵闹，也改变不了这个事实。

第三，中国还可以比美国发展得更快。到那时，中国是全世界最大的经济体，也是全世界最大的市场，每年全世界的经济增长主要在中国。美国要想发展得好，就必须充分利用国内国际两个市场、两种资源，自然不能忽视中国市场。

其实这种转变是有历史经验的。比如在八国联军和八国集团中，唯一的亚洲国家是日本，整个20世纪，日本都是亚洲经济的领头羊。2010年，中国经济规模超过日本，所以日本右派的心里很不舒服，开始制造中日钓鱼岛争端，中日关系陷入紧张。现在中日关系为什么又开始缓和？是因为中国的经济规模已是日本的2.8倍，日本再不高兴也改变不了这个事实。而日本经济如果要发展、要增加就业、要提高收入水平，中国是最重要的市场，没办法离开。

所以，我认为最主要的还是做好我们自己的事情。中国仍是一个发展中国家，改革是永无止境的，必须在发展过程中不断利用有利条件，维持国内的稳定与发展，发挥制度的优越性，逐步解决城乡收入差距问题、社会保障不足问题，以及其他方方面面的问题，不断满足中国人民对美好生活的期望。

我也希望中国的发展可以构建起一个共享繁荣的人类命运共同体，因为中国人一向有世界大同的理想目标，不仅希望自己发展好，也希望其他国家能发展好。这种传统的"己立立人，己达达人"的情怀，演化出"一带一路"倡议、人类命运共同体的倡议。我们可以分享中国智慧、中国经验，让其他发展中国家看到发达国家经验之外的另一种发展思路。

经济学家当不辜负时代①

党中央对新形势新问题有准确判断和清晰思路

2020年8月24日，习近平总书记以座谈会的形式在中南海和多位专家学者敞开交流、开门问策，这是丰富顶层设计的一种新的制度安排。专家们的研究成果和理论实践能够用来作为政策参考，对我们做好"十四五"规划编制和"十四五"时期的工作，具有重要意义。

听完习近平总书记在座谈会上的讲话，我的感受是，党中央对当前新发展阶段的新形势和新问题有着准确的判断和清晰的思路。正如习近平总书记在讲话中所说的，当今世界正经历百年未有之大变局，要以辩证思维看待新发展阶段的新机遇新挑战。②

从国内来讲，中国社会主要矛盾已经转化为人民日益增长

---

① 本文根据2020年人民网对林毅夫的专访内容整理。
② 习近平总书记在经济社会领域专家座谈会上的讲话[N]. 新华社，2020-8-24.

的美好生活需要和不平衡不充分的发展之间的矛盾。因此，在"十四五"时期，我们的收入水平应该会进一步提高，人民对美好生活的期盼会有新的体现。同时，正如习近平总书记所强调的，我们的创新能力还不适应高质量发展要求，农业基础还不稳固，城乡区域发展和收入分配差距较大，生态环保任重道远，民生保障存在短板，社会治理还有弱项。[1] 只有进一步加强这些方面的建设，才能为建设现代化强国打好基础。

从国际环境来看，我们正经历百年未有之大变局。新冠肺炎疫情的发生，也催化了这个不确定性。中国现在已经成为世界第二大经济体，如果按照购买力平价计算，我们已经是第一大经济体。在2000年之前，七国集团的经济总量占世界总量的2/3以上，现在中国等新兴经济体的分量则越来越重。2008年国际金融危机后，中国率先恢复快速增长，每年为世界增长贡献30%左右。1978—2019年，中国取得了年均9.4%的高增长。中国现在的人均GDP刚超过10 000美元，和美国的62 000美元，欧洲、日本、韩国等发达国家的40 000多美元相比，还有不小的差距，这代表着中国的产业和技术的总体水平还处于追赶阶段，在技术创新和产业升级上仍然有"后来者优势"。

同时，以互联网、人工智能、云计算、5G、万物互联、新能源为特征的新产业革命方兴未艾，像中国这样既拥有庞大的国内市场又具有人力资源优势的国家，具有换道超车的优势。充分

---

[1] 习近平在经济社会领域专家座谈会上的讲话 [N]. 新华社，2020-8-24.

利用好在传统产业的后来者优势和在新产业的换道超车优势，中国还有巨大的增长潜力。

同时，我们要时刻警惕类似新冠肺炎疫情等突发事件对国际治理的挑战，包括发达国家从 2008 年全球金融危机爆发后由于政治原因未能进行结构性改革，发展远低于长期 3.0%~3.5% 的增长导致的外部需求不足，以及中美摩擦给中国带来的外部压力等。这些挑战将会长期存在，中国必须有打持久战的心理准备。

中国仍有充足发展潜力

"十四五"规划是重要的承上启下的规划，"十三五"的目标是全面建成小康社会，"十四五"就是社会主义现代化国家建设的新征程，目标是到 2050 年，把中国建设成社会主义现代化强国。

习近平总书记在座谈会上谈到，准确识变、科学应变、主动求变，勇于开顶风船，善于转危为机，努力实现更高质量、更有效率、更加公平、更可持续、更为安全的发展。[1]

要实现高质量发展，一方面必须知道我们有多大的发展潜力；另一方面，要知道在这样的发展潜力下，我们如何针对国内国际形势的变化，按照新的理念来实现高质量发展。

从中国目前的发展阶段来看，拥有后来者和换道超车双优

---

[1] 习近平. 在经济社会领域专家座谈会上的讲话 [N]. 新华社，2020-8-24.

势，到 2030 年之前，中国仍有 8% 左右的增长潜力。

增长潜力是从供给侧角度来说的，潜力能够发挥多少取决定需求侧，在外部需求很可能长期处于疲软的情况下，中国需要把握好国内需求。中国是一个 14 亿人口的大市场，可用的政策手段也很多。因此，我们只要保持定力，继续坚持深化改革、扩大开放，按照新的发展理念，以国内循环为主，同时推动国内国际双循环相互促进，依靠科技、人才两个关键要素，发挥好我们的制度优势，我相信在"十四五"规划期间，实现稳步增长是没有问题的。我们的经济有韧性，对未来发展有底气，可以实现 5%～6% 的年均增长。

到 2025 年，我相信我们可以跨过人均收入超过 12 736 美元的门槛成为高收入国家，到 2030 年左右，按照市场汇率计算，我们的经济总量也将超过美国，中国将成为世界上最大的经济体。

从后来者和换道超车双优势的角度来看，我相信我们在 2030—2040 年还有 6% 的年均增长潜力，利用好中国的各项优势，有望实现年均 4%～5% 的增长；2040—2050 年有 5% 的年均增长潜力，有望实现年均 3%～4% 的增长。

到 2050 年，我们的人均 GDP 可以达到美国的一半，经济规模可能是美国的两倍。到那个时候，国内的京津冀、东南沿海、中西部的重要城市人口规模和美国相等，人均 GDP 将会与美国相当，产业技术将会和美国处于同一水平，美国可以用来卡住中国脖子的技术优势将不复存在；另外，我国中西部还有 10 亿人口的人均 GDP 约为美国的 1/3，这些地区的发展速度会比美国快。经济是基础，届时美国将会接受中国是社会主义现代化强国的事实，与中国和平相处、共同发展。

不能辜负这个时代给予的理论创新机遇

习近平总书记对理论和政策研究的高度重视，给了我们经济社会领域理论工作者极大的鼓舞。中国改革开放以后的发展奇迹，并不是按照西方主流的理论去制定政策而取得的。二战以后的实践已经证明，按照西方现成的理论去制定政策的发展中国家，经济都遭遇重重困难，陷于中等收入或低收入水平的陷阱。

理论有两个来源：一个是过去经验的总结，另一个是当前问题的解决。现在的主流理论来自发达国家，是发达国家的经验总结，或者是理论本身就是为解决发达国家的问题而提出的。这些理论必然是以发达国家的发展阶段、产业、制度、意识形态、价值等作为暗含前提的，拿到发展中国家来，必然遭遇"南橘北枳"的问题，并不适用。能够指导我们自身实践的理论，一定来源于我们自己的经验总结。

理论都是一个简单的逻辑体系，什么叫重要的理论？要看理论所解释的现象的重要性。按购买力平价计算，中国已经是世界上第一大经济体了，到 2030 年左右，按照市场汇率计算，中国也会是第一大经济体，发生在中国的现象和问题将会是世界上最重要的现象和问题，从这些现象和问题中形成的理论就会如英国和美国是世界上最大的经济体时所形成的理论一样，是在世界上最有影响力的理论。

近年来，我根据对中国发展经验的总结提出了新结构经济学，强调不同发展程度的国家的结构差异性，包括产业、制度、文化、治理结构等方面，以及这些差异对经济发展转型和运行的影响，以期经济学理论在中国能够实现"认识世界、改造世界"目标的统一。

中国是一个发展中国家，我们的条件和其他发展中国家比较接近，根据中国的经验和问题提出的理论对其他发展中国家的参考借鉴价值也会比较高，所以中国经济学理论的形成，不仅有利于提高中国的软实力和话语权，而且也有利于分享中国的智慧和方案，帮助其他发展中国家实现和中国相同的追赶发达国家的梦想。2016年5月，习近平总书记在主持召开哲学社会科学工作座谈会上的讲话中提到过，这是一个需要理论而且一定能够产生理论的时代，这是一个需要思想而且一定能够产生思想的时代。作为经济学理论工作者，我们不能辜负这个时代所给予的理论创新的机遇。

"十四五"迈向高收入国家[①]

新冠肺炎疫情对经济的影响应是短期的

新冠肺炎疫情的影响从传染病的角度看应该是短期的，因为短期会需要封城、社会隔离，这些举措会抑制消费，也会影响生产，还会导致中国以及世界各国经济的衰退。

但从长期来讲，疫情并不会真正对实体经济产生影响，因为机器设备还在，人也都还在。所以一般来看，新冠肺炎疫情和其他疫情一样，只要防控好，短期内影响可能很大，但之后的经济反弹也将会比较明显。

国际货币基金组织预测，2020年全球经济可能出现 –4.9%的增长，但是2021年全球的经济可能就会变成5.4%的增长，美国2020年是 –8%的增长，2021年可能出现正4.8%的增长，所

[①] 本文根据大公网记者2020年对林毅夫的专访内容整理。

以只要防控得好，单就新冠肺炎疫情来讲，影响应该是短期的。

但外部环境的不确定性的确存在。疫情在全球范围内可能无法像中国这样有效防控，可能会持续、反复暴发，给中国经济增长的外部环境带来负面影响。不管外部环境如何，只要我们把政府提出的"六稳""六保"做好，稳增长、稳就业，相信中国经济全面向好的格局不会改变。

2030年中国经济总量将超美

对中国有长远影响的会是美国的贸易政策以及对中国相关产业的恶意打压。美国一来为了维持其霸权，二来为了掩盖其新冠肺炎疫情工作没做好的现实，会甩锅并制造中美关系的紧张。中美关系的紧张估计会是一个长期的问题。

中国的经济规模越来越大，按照购买力平价计算，2014年中国的经济规模已经超过美国，根据预测，到2030年，按照市场汇率计算，中国的经济规模也会超过美国。党的十九大提出，到2050年把中国建设成社会主义现代化强国，我相信到那时候中国的人均GDP应该可以达到美国的一半，但中国人口数量是美国的4倍，所以中国的经济规模可能是美国的2倍。

美国现在是全世界最大的经济体、全世界的强国，也是现在世界上唯一的霸权国。美国现在之所以对世界有这么大的影响，是因为它的经济发展得好。从19世纪末开始，尤其是二战后，美国都是全世界最大的经济体，所以它在全世界能够维持霸权地位。

回顾美国历史，当一个国家的经济发展规模达到美国的60%左右的时候，美国就会开始打压。20世纪80年代的日本就是这样的例子。美国目前对中国采取这些措施，一方面是其国内政治的需要，更根本的原因还是在于中国的稳定和发展令美国相形见绌，令其霸权地位受到了威胁。

中国坚持走和平发展道路，强大了也不会到国外建殖民地或是霸凌其他国家。但美国从自己和西方国家过去的历史表现看，逢强必霸，以为中国会和它们一样强大了就到国外建殖民地，压榨其他国家，这是在不了解中国历史和文化的情况下做出的判断。

中国弱时追求的是民族复兴，强时主张的是继绝扶倾，郑和下西洋没有在国外建殖民地，抗美援朝、中印边境自卫反击战，中国都在战争结束后就撤兵回国，从未在国外驻军、殖民掠夺，也没有去强压其他国家。中国的发展有利于全世界所有爱好和平、愿意参与全球化经济发展的国家。

不管美国对中国采取什么政策，只要我们自己上下齐心，保持定力，以处变不惊的心态坚持走自己的道路，坚持不断深化改革开放，得道多助，中华民族的伟大复兴必将势不可挡。

相信第一个百年目标如期达成

党的十八大以来，总的来讲，全面建成小康社会的各个指标2020年基本都能如期实现。20世纪80年代以后，中国的收入水平差距、城乡差距扩大，经过"十三五"期间的努力，城乡差距正在缩小，这在中华民族伟大复兴的进程中是一个很重要的里程碑。

在新冠肺炎疫情的影响下，党的十八大提出的一个指标，2020年不见得能达成。这个指标就是人均GDP要在2010年的基础上翻一番。因为要达成这个指标，2020年的经济增长率应该在5%以上，但估计2020年经济增长率大概在3%左右。党的十八大提出的是百年目标，所以2021年达成这个目标也符合党的十八大的精神。

党的十八大以来，根据中国经济发展的变化，习近平总书记提出了"创新、协调、绿色、开放、共享"的新发展理念，今后的发展要提高发展的质量，以满足人民不断增长的对美好生活的期望。

"十四五"将由中等收入国家变为高收入国家

"十四五"规划对中国来讲具有重要战略意义，因为这是中国进入新时代以后制订的第一个五年规划，也是全面建成小康社会之后，实现到2050年把中国建设成一个社会主义现代化强国、实现"两步走"战略的第一个规划，要为这个战略目标的实现打下牢固的基础。

未来5年将出现一个非常大的历史性转变，不管国际、国内什么形势，只要我们保持战略定力，把增长潜力充分发挥出来，一方面靠有效市场，另一方面靠有为政府，帮助企业突破增长瓶颈，发挥增长潜力，我们就会跨越 12 700 美元的门槛，从一个中等收入国家变为一个高收入国家。

现在全世界生活在高收入国家的人口只有 16%，中国的人口占世界人口的 18.1%，也就是在未来 5 年，全世界生活在高收入国家的人口会比现在翻一番还多，从 16% 到 34%，这将是一个历史性的转变。未来 5 年，尽管有很多不确定性，但我相信这个大方向是不会变的。

中国是一个拥有 14 亿人口的国家，地区发展差距相当大。目前有 14 个人均 GDP 已经超过 20 000 美元的城市，但同时也有一些地方，人均 GDP 到现在还在 7 000 美元以下，还有 6 亿人月收入只有 1 000 元左右。

在这样一个差距相当大的大经济体中怎样实现高质量发展呢？如何为第二个百年目标的实现打下牢固的基础？在"十四五"期间，也将是 2016 年二十国集团在杭州峰会提出的新工业革命由方兴未艾到快速发展的一段时期。

在这样的时代背景下，如何通过技术创新、产业升级提高劳动力生产水平，让每个劳动者能生产出更多、更好的产品或服务。总体来说，就是各地要按照新发展理念，根据各地要素禀赋结构所决定的比较优势，在市场经济中发挥有为政府的作用，完善硬的基础设施、软的制度，帮助企业把各地的比较优势变成在国内外市场的竞争优势。

"有效市场"+"有为政府"推动高质量发展

不管在哪个国家，经济的持续发展一定是政府和市场"两只手"都要用好。劳动生产率水平的不断提高，需要不断的技术创新和产业升级。而技术创新和产业升级需要企业家的积极探索。

同时，在技术创新和产业升级的过程中，很多问题依靠企业家自身是难以解决的。例如基础设施的建设、金融制度的规范、法律制度的完善，夯实这些基础，才能让新技术和新产业的潜力发挥出来。

即使在发达国家也是这样，一方面靠市场竞争给企业家提供激励、提供机会，另一方面靠政府来帮助企业家解决企业解决不了的事情。所以，经济改革和发展的成功，一定需要有效市场和有为政府"两只手"一起用。

而这也正是中国经济发展的优势。我们有一个有为的政府，在经济发展过程中，也越来越重视市场的作用，这次新冠肺炎疫情防控的过程就充分体现了这一点。举个例子，疫情防控对其他国家和地区来说是一次"开卷考试"，对中国来说则是一次"闭卷考试"，我们在答题过程中很快了解到问题的本质，采取了积极有效的措施。

新结构经济学以现代经济学的方法来研究经济发展过程中的产业、技术、制度等被社会科学家称为结构的这些变量和这些结构变量变动的决定因素和影响，按现代经济学的命名方式应该取名为"结构经济学"，但因为在二战后出现了结构主义的发展经济学，为了区分于结构主义所以称为"新结构经济学"。

在新结构经济学的视角下，不管在哪个发展阶段，经济发展表现出来的都是收入水平的提高。收入水平的提高，有赖于现有的产业技术不断创新、新的附加值更高的产业不断涌现，通过这些方式提高劳动生产率水平。

同时，要根据新产业和新技术的需要，不断完善硬的基础设施，如电力、电信、道路、港口，也要完善软的制度安排，比如金融环境、营商环境、法制环境等，以此降低交易费用，让技术和产业的生产力可以得到充分发挥。上述是经济发展的一般机制。

但怎样利用这个机制来推动各地可持续的高质量发展呢？有一个基本的原则，就是前面提到的，各地在发展经济时必须充分利用各个地方的要素禀赋所决定的比较优势，并把比较优势变成竞争优势。

改革红利会永远存在

改革红利和人口红利已经没有了，这是学界和媒体上流行的说法，但我不同意这种说法。什么叫改革的红利呢？一个问题解决了，新的问题就会出现，所以习近平总书记说过，改革只有进行时。[1]我们的体制上、机制上还有不少问题要改，改好了以后，

---

[1] 中共中央关于党的百年奋斗重大成就和历史经验的决议 [N]. 人民日报，2021-11-17

生产力会解放、效率会提高，虽然会有新的问题出现，但那些问题会带来新的改革红利。

2016年，在杭州召开的二十国集团峰会上，提出深化结构性改革议程，每个国家都要进行结构性改革。如果能进行改革，就能够释放生产力。发达国家也有不少结构问题要改革，中国还是一个发展中国家，可以改革的地方自然更多。有人说中国的改革红利已经用完了，这个看法是不准确的。

20世纪80年代，中国刚从计划经济转型，确实有很多扭曲，并不是每个领域都具备改革条件，如果全部都要改的话，就会像苏联和东欧国家一样，造成经济崩溃。在那种状况之下，哪些新东西改了以后，会释放我们的生产力，会稳定我们的经济，会促进我们的增长，我们就先去尝试。所以，中国采取了渐进的方式进行改革。

现有的不少问题改了，一定会还有新的问题出现，就像毛主席的《矛盾论》所阐述的一样。所以，改革的机会和红利永远都在。只要我们不骄傲自满，有决心和勇气，随着发展水平的提高，不断发现新问题、面对新问题，不断深化改革，改革红利就会永远存在。

我也不同意人口红利消失的说法。这种说法认为中国过去发展这么快，是因为有人口红利，其理由有二：一是把劳动力从生产力水平低的农村转移到生产力水平高的城市制造业；二是原来的计划生育政策使出生率减少，提高了劳动人口在总人口中的比重。

但这只说出了中国经济增长快的一些次要原因，印度和非洲农村人口比中国比重大，年轻人口的比重也比中国大，按照人口红利的理论来说，印度和非洲应该比中国发展快，但事实上并没有。

人口红利理论的重点在于把劳动力从低生产力水平的行业转移到高生产力水平的行业，比如说把农村劳动力人口转移到城市制造业，但这种红利不只在把农村的劳动力变为制造业的劳动力的过程中会产生，在制造业里把劳动力从低附加值的产业转移到附加值更高的产业的过程中也同样会有。制造业里有很多阶梯，只要不断促进产业升级，把在低附加值产业就业的劳动力重新配置到劳动生产力水平高的制造行业，这方面的人口红利就会一直存在。

另外，计划生育导致人口老龄化，劳动人口在总人口中的比重减少，这是事实。但劳动力对生产的贡献，一方面体现在数量上，另一方面体现在质量上。如果纯粹从数量来讲，我们可以把退休年龄往后延一点。国内男性退休年龄一般是60岁，女性退休年龄一般是55岁，而外国普遍是65岁才退休。退休年龄往后延一些，劳动力数量就增加了。更重要的是劳动力的质量，劳动力的质量可以靠提升教育水平来改善，教育水平这些年提高很多。我们可以通过提高劳动力的质量，补偿劳动力数量的下滑。

所以，人口红利理论没有分析清楚过去中国经济快速增长的原因，认为现在人口红利减少、经济增长缺乏动力的说法也没有分析清楚人口和劳动力在经济增长中的作用。

发展内循环为主体，但不能搞孤立经济

新冠肺炎疫情导致其他经济体经济发展缓慢，国际市场相对减小，美国又对中国进行封锁打压，国内市场的重要性会提高。政府部门提出了新基建项目，包括 5G、云计算、人工智能等，以增加国内需求。

此外，也可以投资常规的基础设施，通过建设高铁、城市间轨道交通网，构建起更多、更有效率的城市群等。在中国这样的大型经济体里，国内有巨大的增长空间和回旋余地，这些项目也确实是实现高质量发展的抓手，适应中国升级发展新需要。所以党中央基于国内外形势，提出加快形成以国内大循环为主体、国内国际双循环相互促进的新发展格局。

但是，中央的这个提法和我们过去一直主张的国内国际两个市场、两种资源并没有矛盾，因为作为大国，中国历来以国内市场为重。大国跟小国比较起来，国内市场的规模一直都是比较大的，比如新加坡，出口和进口两项加起来，占 GDP 的比重超过 100%。但中国作为世界第一大贸易国，2019 年出口占 GDP 的比重只有 17%，进口只有 GDP 的 14%，两项加起来只有 31%。其他大国的比重比中国还要低。

对中国来说，国内市场一直很重要。一般来说，出口占我国 GDP 的 20% 左右，80% 的生产是用来满足国内需求的，因为新冠肺炎疫情，中国现在的出口占 GDP 的比重下降为 15%，国内消费占 GDP 比重的 85%，国内市场的比重有所增加，但基本格

局还是一样的。

用好国内国际两个市场、两种资源

我们一直强调贸易是互利双赢，到现在我们还是这么认为。所以习近平总书记在 2017 年的达沃斯论坛上就讲过，经济全球化确实带来了新问题，但我们不能就此把经济全球化一棍子打死，而是要适应和引导好经济全球化，消解经济全球化的负面影响，让它更好惠及每个国家、每个民族。中国的发展是世界的机遇，中国是经济全球化的受益者，更是贡献者。中国经济快速增长，为全球经济稳定和增长提供了持续强大的推动。[①]

2008 年以来，全世界经济 30% 的增长来自中国，中国成为全世界最重要的经济增长和市场扩张的动力来源。中国的增长不仅有利于中国，也扩大了全球市场，有利于世界。

在未来，我们同样持这种态度，我们愿意跟美国继续维持友好合作的关系。但是，这并不完全取决我们。全世界不是只有美国，尽管美国是大国，现在占全世界经济比重的 22% 左右，但其他国家加起来还有 80%，如果美国想封锁我们，我们也要继续开放，和美国之外占世界经济比重 80% 的国家携手合作、继续发展。

面对美国对中国的打压，"兵来将挡，水来土掩"，同时还需

---

① 习近平主席在世界经济论坛 2017 年年会开幕式上的主旨演讲 [N]. 新华社，2017-01-18.

要继续深化改革，只有这样，才可以不断地享有改革红利，不断地推进开放，充分利用国内国际两个市场、两种资源，让中国的发展不仅带来中国福利的增加、生活的改善，同时成为其他和中国友好贸易的国家创造就业、提高收入、改善民生的一个动力来源。

香港要充分利用大湾区发挥自身优势

任何经济体要发展好都要充分利用自己的优势，并用外部的优势来弥补自己的不足。香港自身的优势非常明显，香港是国际金融中心，也有很好的大学，培养了很多高科技人才。

香港本身也有不足的地方，内部的市场小，制造业是短板，劳动力不足。以高科技行业为例，用经济学家的术语说就是规模经济非常大，分工非常细，产业链非常复杂，必须在一个比较大的区域，发挥每个城市、每个地方的优势，互相补充才能够在全球竞争格局中更有竞争力。

所以，中国提出了长江经济带、京津冀协同发展、成渝双城经济、粤港澳大湾区等区域政策。如果香港与大湾区结合在一起，利用金融和高科技人才教育的优势，结合深圳、珠海、广州、东莞、佛山等地的制造业优势，背靠内地，融入整个大湾区的发展，我相信香港可以继续维持在整个中华大地上最高经济发展水平的地位。

2035年远景目标如何实现[1]

习近平总书记在对"十四五"规划和2035年远景目标提出建议的时候有一个想法,到2035年实现经济总量或人均收入翻一番的目标。[2] 在2020年的时候,我们的人均GDP大约是11 500美元,翻一番会是23 000美元。

这样的水平比高收入国家的最低门槛12 535美元高出了10 000美元左右,基本上可以说是一个中等发达国家的水平了。达到这样的目标,需要我们在2021—2035年的年均经济增长率达到4.7%。只要我们努力,这个目标是完全有可能达成的。

我们现在实际上已经拥有全世界最大的中等收入群体了,大约是4亿人。如果说到2035年,我们的人均GDP翻一番,那中等收入群体的人群大概也要翻一番,达到约8亿人,目前已经

---

[1] 本文根据中新社《中国焦点面对面》栏目对林毅夫的专访整理。
[2] 习近平. 关于《中共中央关于制定国民经济和社会发展第十四个五年规划和二〇三五年远景目标的建议》的说明 [N]. 人民日报,2020-11-04.

是全世界最多了，那将来当然还是全世界中等收入群体最大的国家。

实现这个目标的关键在于平均收入水平的提高，在收入水平提高的同时，要依靠劳动生产率水平的提高来创造更多更高收入的就业机会。

总的来讲，要实现这个目标，就要在经济发展的过程中，不断创造劳动生产率水平越来越高、能够支撑收入水平不断增加的就业机会。就业机会多了，进入中等收入群体范围的家庭就多了，所以最重要的还是要靠经济发展，还是要靠技术不断创新、产业不断升级，来实现经济增长的目标，以及实现中等收入群体显著增加的目标。

按照现在国际上的一般标准，只要一个国家的人均 GNI 超过 12 535 美元，那就从中等收入国家进入高收入国家了，就摆脱了中等收入陷阱。

实际上能否跨越中等收入陷阱，是用收入水平来衡量的，我们现在的人均 GDP 大约已经是 11 500 美元左右了，那再增加 1 000 多美元，应该并不是难事，我相信在 2025 年前后中国就能够从中等收入国家跨过，成为高收入国家。

中国成为高收入国家将会是一个很重要的里程碑。现在全世界生活在高收入国家的人口占全世界总人口的 16%～17%，中国人口占全世界人口的 18% 以上，所以当中国变成高收入国家的时候，全世界生活在高收入国家的人口数量就可以翻一番。

当然，实现这个目标依靠的是收入水平的提高，收入水平的提高必须依靠劳动生产率水平的提高，劳动生产率水平的提高需要技术不断创新、产业不断升级，道理很简单，但把道理从理论变成实际需要各方的努力。

两个制度安排是努力的重要方向，一个是"有效市场"，另一个是"有为政府"，市场跟政府"两只手"都要同时用得好。中国成为高收入国家，将会给其他国家带来信心。

中国改革开放已经40多年了，中国的比较优势也发生了一些变化。我认为比较优势永远是从比较中发现的，而且永远都会有。改革开放初期，我们人口多、资本少，当时的比较优势是劳动力价格低，所以我们早年发展的基本上都是劳动密集型产业，其中很多还是加工业。

经过40多年的发展，我们的人均GDP从156美元发展为超过10 000美元，资本也从相对短缺逐渐变成相对丰富，劳动力则从相对丰富变成相对短缺。在这个过程中，中国的教育水平也不断提高，所以我们的比较优势逐渐地就会变成资本和技术比较密集的产业。

未来当然就要向资本更密集、技术更密集的产业发展，因为那将会是我们新的比较优势。怎样把这样的产业发展起来？同样需要有效市场和有为政府"两只手"共同作用。

我之前说过，一直到2030年，中国都有8%左右的经济增长潜力，最近几年并没有实现这样的增长，很多人因此唱衰中国经济。其实潜力是一个技术的可能性，是从供给侧来看的，要把它变成现实还要看需求侧。

从 2008 年全球金融危机爆发以后，发达国家的经济一直没有恢复，因为在 2008 年之前，发达国家的年均增长率是 3%~3.5%，2008 年以后，发达国家的年均增长率最高的是美国，是在 2% 左右，欧洲国家的年均增长率在 1% 左右，日本的年均增长率基本上在 1% 左右。

如果按照市场汇率计算，这些发达国家的经济占全世界经济比重将近一半，那一半的市场发展慢，需求侧就会不足。

同时，在发展的过程中，我们不只是为了发展速度，还希望解决环境的问题、地区收入差距的问题等，也就是说，我们有这样的发展潜力，但也要看国内国际市场的实际状况。

在这种状况下，实际发展速度在可能的潜力之下有一个好处，这会让我们有比较大的回旋空间。潜力给我们提供了比较快的发展的可能性，同时，在实际的发展过程中，也要根据国内国际条件做适当的调整。

国家现在提出了共同富裕，是希望在发展的过程中，大家的收入、生活水平不断提高，就像前面讲的，中等收入群体的比重能够不断扩大，而且不仅收入水平提高，生活质量也要不断改善，这样才能够满足人们对美好生活的期望。

在这个过程中，首先还是要发展，要发展就必须做到技术不断创新，产业不断升级。在技术创新、产业升级的过程中，按照你有什么，能做好什么，把能做好的做大做强。

我们也知道中国这么大的一个国家，有城乡之间的差距，有地区之间的差距，政府也要给现在相对比较落后的地区提供必要的帮助，在公共服务和公共基础设施方面消除城乡之间的差距，消除地区之间的差距。在这个过程中，人民的收入水平得到提高，进入中等收入群体的人数会不断增加，重要的是大家的生活质量都能不断得到提高。

同时，我们还提出了全面推进乡村振兴战略，让生活在乡村的人的收入水平不断提高。若想让生活在乡村的人的收入水平不断提高，一定要有能够不断提高劳动生产率的、不断提高收入的产业，在这样的产业基础之上才能不断提高农村地区的收入水平，缩小城乡差距。

要让农村的产业发展起来，基础设施也要不断完善，让这里的产品能够进入市场，同时要让农村的生活方便一些，公共服务水平也需要不断完善。

在农村，也要保护好文化环境，完善治理环境，这也是乡村振兴的内容。只有这样，我们才能有一个充满期望的故乡，有一个美好的城市和农村生活，才能够实现我们现在讲的"绿水青山就是金山银山"。

/ 后记

新时代的中国和世界[①]

2018年是中国改革开放40周年，40年来经济发展成就巨大。1978年开始改革开放时，中国是世界上最贫困的国家之一，当时的人均GDP只有156美元，尚不及撒哈拉沙漠以南非洲国家平均数的1/3。中国当时也是一个非常内向的国家，出口占GDP的比重只有4.1%，进口只占GDP的5.6%，75%以上的出口品是农产品或农产品加工品。在这样薄弱的基础上，中国40年来保持了年均9.5%的GDP增长和14.5%的贸易增长。现在，中国已经成为世界第二大经济体、世界第一大贸易国，并获得了世界工厂的美称。

中国去年的人均GDP达到8 640美元，成为一个中等偏上收入的国家。在这样的背景下，习近平总书记在去年的党的十九

---

① 2018年9月16日，林毅夫出席中国发展高层论坛并发言。本文根据发言内容整理。

大上宣布中国特色社会主义进入新时代。[①] 新时代有很多层面，我想强调其中的四个。

第一，改革永远在路上。

第二，中国仍然拥有巨大的经济发展潜力。

第三，中美之间的经济结构互补，美中经贸关系是双赢的。

第四，中国需要为世界的发展承担更多的责任。

改革永远在路上

过去 40 年来，中国的改革开放之所以能够避免像苏联、东欧国家等其他转型中国家的经济崩溃、停滞、危机不断，是因为中国采取了务实、渐进的双轨制转型方式。在这个过程中，中国对于老的、大规模的、资本密集型的、违反中国比较优势的国有企业提供了转型期的保护补贴，以维持经济的稳定。同时，对新的、符合比较优势的劳动密集型产业，放开了准入，并以经济特区、工业园、加工出口区等解决了软硬基础设施的瓶颈限制，使符合比较优势的产业迅速变成竞争优势，以实现经济的快速增长。

在快速发展的同时，中国也为渐进双轨的改革付出了一些代价，包括收入差距扩大和腐败现象的出现。这些问题是渐进双轨制改革中对市场的干预和扭曲所导致的租金和寻租行为产生的后

[①] 习近平. 决胜全面建成小康社会　夺取新时代中国特色社会主义伟大胜利——在中国共产党第十九次全国代表大会上的报告 [N]. 新华社，2017-10-27.

果。在改革的初期，中国是一个收入水平低、资本短缺的国家，违反比较优势产业中的企业在开放竞争的市场中缺乏自生能力，保护补贴属于"雪中送炭"，是维持经济稳定所必需的。经过40年的快速发展和资本积累，比较优势已经发生变化，过去许多违反比较优势的资本密集型产业现在已经符合比较优势，在开放竞争的市场中，企业由缺乏自生能力变为具有自生能力，保护补贴的性质从"雪中送炭"变成"锦上添花"。随着经济的发展，中国必须把双轨制遗留下来的保护补贴取消，并将市场干预扭曲消除，才能根除腐败和收入差距扩大的难题。正因如此，2013年，党的十八届三中全会上决定全面深化改革，消除各种对市场的干预扭曲，让市场在资源配置上起决定性作用。

2013年以来，全面深化改革小组已经推出了数百项改革举措，以彻底消除各种干预扭曲，建立完善的市场经济体系。这些举措的落实需要时间，而且即使这些举措都落实到位，随着中国的发展，各种新的问题仍然会不断涌现，结构性问题会是一个"野草烧不尽，春风吹又生"的问题。正因如此，中国必须有改革永远在路上的态度和思想准备。

中国仍然拥有巨大的经济发展潜力

即使过去40年来中国取得了年均9.5%的高速增长，中国仍然有巨大的增长潜力，因为中国在技术创新和产业升级方面还大有可为。任何国家经济的持续增长都有赖于技术创新和产业升级，发达国家的技术和产业已经处于世界前沿，技术创新和产业升级仅能靠自己发明，投入大、风险高，年均增长维持在3%~3.5%。中国作为一个发展中国家，在技术创新、产业升级上具有后来者优势，过去40年来，中国的年均增长率能够达到9.5%，凭借的就是后来者优势。在未来，中国是否还有潜力维持快速增长呢？答案在于中国还存在多少后来者优势，这取决于中国和高收入国家总体劳动生产率水平的差距，这个差距可以由人均收入水平的差距来反映。根据经济学家安格斯·麦迪森的研究，2008年，按购买力平价计算，中国人均GDP是美国人均GDP的21%，这是1951年的日本、1967年的新加坡、1977年的韩国和美国差距的水平。这些东亚经济体恰恰是利用了和美国收入水平的差距所代表的后来者优势，实现了连续20年的8%~9%的年均GDP增长率。它们能实现就代表中国有可能实现，因此，中国从2008年开始应该有20年以年均8%的速度增长的潜力。

另外，这些年出现的工业革命4.0的新产业部门，其产品和技术的研发周期一般比较短，12个月、18个月就有新一代的产品和技术，这些产品技术的开发以人力资本的投入为主，中国作为一个拥有约14亿人口的大国，拥有巨大的人力资本供给，同时，中国拥有巨大的国内市场和完整的产业配套能力，在新经济上具有比较优势。

从上述两个角度来说，我对中国未来还具有巨大的高速增长潜力充满信心。但是，这种潜力反映的仅仅是供给侧的技术可能性，究竟多大程度上能够得到实现，取决于国际经济的外部需求形势，也取决于中国是否能够进一步深化落实前面所谈到的国内改革，还取决于中国政府是否能够克服技术创新、产业升级时必然存在的外部性和协调相应软硬基础设施完善的市场失灵问题。"中国制造2025"就是为了克服技术创新、产业升级所存在的市场失灵所做的一项努力，和德国的"工业4.0"、印度的"印度制造"，以及美国克林顿政府的"信息高速公路"和美国特朗普政府的"让美国再次伟大"所采取的一系列措施作用相同。

中国充分利用增长潜力，固然不会是过去的接近两位数的那么高的经济增长，但应该有可能在未来几年保持6%以上的速度，这样的增长速度有利于中国实现发展目标。目前，国际经济尚未完全从2008年的危机中复苏，中国保持稳定和快速增长对全球其他国家也是一个利好。

中美经济相互补　两国之间的贸易是双赢的

中国的人均GDP在2017年达到8 640美元，美国的人均GDP则高达60 000美元。根据市场价格来衡量，中国的人均GDP只是美国人均GDP的15%。用购买力平价来衡量，中国的人均GDP也只有美国的25%。中国的产业生产的主要是中低端、低附加值的产品，美国的产业则多为高附加值的产品。贸易意味着中国可以向美国的消费者提供廉价的商品，向生产者提供较低成本的中间品。中国也可以为美国高附加值的产品和服务提供巨大的市场。所以，双方贸易是双赢。

即使未来中国的收入水平达到了日本、韩国、德国的水平，中国和美国的贸易仍然是双赢的。这是因为贸易取决于比较优势，在收入水平差距大时，比较优势取决于要素禀赋结构不同所造成的要素价格的差异，收入较低的国家在劳动力较为密集的产业有比较优势，收入水平较高的国家在资本、技术密集型产业有比较优势。当两个国家的发展水平相当时，比较优势则转为专业化生产所形成的规模经济，不同的国家会专业化于不同的产业而各自形成比较优势，其实，绝大多数的国际贸易发生于发达国家之间。只要各自有比较优势，贸易就会共赢。不管是中国人民还是美国人民都希望有更好的生活，企业都希望有更高的利润，中美之间不管现在或是未来都会各有比较优势，两国的贸易往来都会是互利双赢。希望能够经由交流沟通，消除误解和不信任，使得有利于两国人民的经济理性成为两国互动贸易往来的基础。

中国需要为全球发展承担更多的责任

目前中国是全世界第二大经济体，全世界第一大货物贸易国，中国很有可能在 2025 年左右跨过人均 GDP 12 700 美元的门槛成为高收入国家。像其他高收入国家一样，中国需要为全世界做出贡献，帮助其他发展中国家实现增长、消除贫困。

二战以后，OECD（经济合作与发展组织）的高收入国家对发展中国家提供了超过 3 万亿美元的发展援助。援助的金额不可谓不多，但绝大多数受援助的发展中国家仍然深陷贫困之中。当中国加入援助国的俱乐部时，中国需要思考能不能更好地帮助其他发展中国家实现经济增长，减少贫困。根据我自世界银行高级副行长兼首席经济学家任上开始倡导的新结构经济学来看，经济发展是一个结构变迁的过程。是从低附加值的农业转型到制造业，不断爬制造业的阶梯，最后迈向高附加值的服务业的经济结构转型过程。在这样的发展过程中，二战以后，少数几个成功从低收入向高收入转型的经济体，都抓住了国际劳动密集型产业转移的窗口机遇期，实现了现代化、工业化。比如，二战后的日本、20世纪60年代的"亚洲四小龙"，以及1978年改革开放以后的中国。中国现在已经成为中等偏高收入国家，不远的将来也会成为高收入国家，现在让中国成为世界工厂的劳动密集型产业将会失去比较优势，给其他尚未成功转型的发展中国家提供了一个窗口机遇期。中国现有制造业的雇用人数1.24亿人，其中劳动密集型产业雇用的人数达8 500万人。这8 500万个就业机会的释放几乎可以让南亚、中亚、非洲一些收入水平较低的发展中国家同时从农业社会转向工业社会。这些国家需要克服基础设施的瓶颈才能抓住这个机遇，才能使其劳动力多的比较优势变成在国内国际市场上的竞争优势。

对于发展中国家而言，目前发展的最主要瓶颈就是基础设施严重不足。有这样的认识以后，就能够了解中国提出的"一带一路"倡议作为国际发展合作主要内容的精神实质，倡议中的"五通"以基础设施的互联互通为抓手，在中非合作论坛北京峰会上，中国也强调了以基础设施建设作为中非合作的重点工程。

把基础设施建设作为中国帮助其他发展中国家发展的一个主要合作方式，要想发挥良好的作用，则正如佐利克先生所强调的，需要在项目设计、实施、管理上有良策，高透明度、高标准，还要与其他国家和国际发展机构通力合作。当中国作为一个大国对世界承担起更多责任时，其他发展中国家也有可能像中国过去40年改革开放的历程一样迎来一个快速发展、消除贫困的时代。中国的新时代不仅仅意味着中国的复兴，也意味着所有国家的共同繁荣。